**기독교문서선교회** (Christian Literature Center: 약칭 CLC)는 1941년 영국 콜체스터에서 켄 아담스에 의해 시작되었으며 국제 본부는 미국 필라델피아에 있습니다. 국제 CLC는 약 650여 명의 선교사들이 59개 나라에서 180개의 서점을 운영하며 이동 도서 차량 40대를 이용하여 문서 보급에 힘쓰고 있으며 이메일 주문을 통해 130여 국으로 책을 공급하고 있는 국제적 문서선교 기관입니다.

# 추천사 1

**윤 공 부 목사**
말씀원 원장, 참나무교회 원로

이 책의 저자인 임정희 자매는 평신도입니다. 대학교를 졸업하고, 21년간 직장에 근무하였습니다. 그중 최근까지 9년간 미국 회사의 아시아 지역 커뮤니케이션 디렉터로 근무하였습니다. 이러한 직장 생활 중에도 주님과의 대화와 신앙생활을 성실하게 하였습니다.

2024년을 시작하며 직장 생활을 마감하고, 신학대학원에 가기로 마음먹었습니다. 그러면서 이 책을 쓴 것입니다. 이 책은 저자가 말한 대로, 전도용이나 초신자의 안내서입니다.

저자가 이 책을 쓸 때, 독자를 의식하기보다 하나님을 사랑하는 저자의 마음이 먼저였습니다.

사도 바울이 "그리스도의 사랑이 우리를 강권하시는도다"(고린도후서 5:14)라고 하셨듯이, 저자는 그리스도를 사랑하는 마음에 강권함을 받았습니다. 그러므로 하나님을 사랑하는 마음과 이웃을 내 몸같이 사랑하는 마음이 이 책을 쓰게 만들었습니다. 이에 이 책은 연구 논문 형식이 아닙니다.

저자가 서문에서 밝힌 대로, 하나님의 말씀이 저자에게 살아서 역사하신 레마(ῥῆμα)가 되어, 그것을 들은 대로 기록한 일종의 신앙고백서입니다. 그러므로 수식어나 설명어보다 순수하게 꾸밈 없이 기록한 내용입니다. 그러면서도 저자의 신앙의 깊이를 느낄 수 있습니다.

예를 들면, '가장 큰 가치'를, "믿음 소망 사랑"이라고 하면서, 우리의 소망을 '영적으로 성숙한 존재'가 되는 것이라고 하였습니다.

우리는 보통 소망을 이 세상에서 잘되는 것이나 큰 공을 세워 모든 사람을 복되게 하는 외적인 것에 둡니다. 그러나 저자는 소망을 외적인 것이 아니라, 내적으로 "영적으로 성숙한 존재가 되는 것"이라고 합니다. 이런 소망을 품는 성도는, 믿음이 성숙된 성도입니다. 이에 이 책은, '예수를 믿어, 단순히 세상에서 잘 되고 복받는다'는 데에 초점을 맞추지 않았습니다. 전체적으로 영적 성숙에 초점을 맞추고 있습니다. 그래서 초신자에게는 조금 어려울 수 있는, '고난'이라든지, '살아 계신 하나님 음성 듣기' 같은 내용을 다루고 있습니다.

제가 대학교에서 강의할 때, 저자를 처음 만나 지금까지 교제를 이어 오고 있습니다. 그간 어려운 여건과 힘든 과정이 있었음에도 불구하고, 저자는 오직 믿음으로 일관하여 어려움을 극복하고, 아름답게 성숙하였습니다.

예수님께서는 들에 백합화를 보시고, "솔로몬의 모든 영광으로도 입은 것이 이 꽃 하나만 같지 못하였느니라"(마태복음 6:29)고 하셨습니다.

이 책을 통해 들에 핀 백합화의 향기를 느끼시길 바라는 마음으로 본서를 추천합니다.

# 추천사 2

**김 영 훈 목사**
영동중앙교회 담임

　누구나 다 길을 알고 싶어 합니다. 길을 모르는 사람에게 길을 안내해 주는 지도가 있다는 것은 안도감과 편안함을 주는 요소가 될 것입니다.

　그리스도인이 된다는 것은 우리 인생에 있어서 가장 기쁜 소식이자 감사할 일임이 자명한 사실입니다. 그러나 이 복된 길을 가는 데 있어 어떤 책은 안내서로서 너무 어렵습니다. 또 어떤 책은 너무 두껍습니다.

　새로운 가전제품을 샀는데 설명서가 너무 두껍다면 감히 읽을 엄두도 못 낼 것입니다. 이러한 때에 임정희 성도의 『그리스도인의 길』이라는 책은 그 해결책을 제시하기에 충분합니다.

임정희 성도는 아직 신학도는 아닙니다. 신학의 길을 준비하는 예비 신학도입니다. 그런데도 저자는 오랜 신앙생활과 묵상으로 인한 경험적인 지식과 하나님과의 대화를 통한 깊은 영적인 기본 원리들을 담백하게 써 내려갔습니다. 그러면서도 적합한 말씀을 근거로 제시하였기에 그 주장들이 단단합니다.

그래서 처음 그리스도의 길을 가는 이들에게 먼저 그 길을 가 본 사람으로서 이 길이 그리스도의 길이라고 누구보다도 확신있게, 그리고 상세하고 간략하게 가이드합니다.

이 책을 받고서 읽기 시작했는데 책장을 덮기까지 오래 걸리지 않았습니다. 그러나 그 깊이와 여운은 여느 책보다 큰, 작지만 강한 책입니다.

이 책은 신앙생활을 처음 시작하는 초신자에게, 처음은 아니지만 아직 그 길을 잘 몰라 방황하는 기존 신자들에게도 꼭 필요한 안내서이자 필독서입니다.

# 추천사 3

**박 영 춘 박사**
한동대학교 전산전자공학부 교수
하심(하나님의 심정) 사역 대표

임정희 자매는 단순히 교회 생활만이 아닌 삶의 실재 안에서 신앙을 실천하고 고민한 실천 신앙인입니다. 그가 오랜 커리어우먼의 길을 내려놓고 신학대학원을 간다고 해서 조금은 놀랐지만, 동시에 어쩌면 자연스런 방향 전환일 수도 있겠다 싶었습니다. 그렇게 하나님을 깊이 사랑하는 자매입니다.

그런 그가 자신의 지난 삶의 깊은 고민과 인생의 질문에 대한 성경적 답을 추구하며 말씀 속에서 그 답을 찾아 이 책을 썼습니다.

서문에서 저자는 "이 책은 아직 하나님을 모르는 분이

나 초신자에게 도움을 주고자 썼다"고 했습니다. 그러나 오랫동안 신앙생활을 한 사람에게도 큰 도움이 될 내용입니다.

그리스도인이 알아야 할 신앙의 지혜를 말씀 속에서 깊이 묵상한 귀한 책이라 생각합니다. 그래서 이 책이 많은 그리스도인의 삶의 길을 밝혀 주기를 기도하며 추천합니다.

# 그리스도인의 길

***The Christian Path***
Written by Junghee Im
All rights reserved.
Korean Edition Copyright ⓒ 2024 by Christian Literature Center, Seoul, Korea

<u>그리스도인의 길</u>

2024년 11월 5일 초판 발행

지 은 이 | 임정희

편　　집 | 오현정
디 자 인 | 이보래
펴 낸 곳 | (사)기독교문서선교회
등　　록 | 제16-25호(1980.1.18)
주　　소 | 서울특별시 동대문구 천호대로 71길 39
전　　화 | 02-586-8761~3(본사) 031-942-8761(영업부)
팩　　스 | 02-523-0131(본사) 031-942-8763(영업부)
이 메 일 | clckor@gmail.com
홈페이지 | www.clcbook.com
송금계좌 | 기업은행 073-000308-04-020 (사)기독교문서선교회
일련번호 | 2024-119

ISBN 978-89-341-2759-8(03230)

이 책의 출판권은 (사)기독교문서선교회가 소유합니다.
신저작권법에 의하여 한국 내에서 보호를 받는 저작물이므로 무단 전재와
무단 복제를 금합니다.

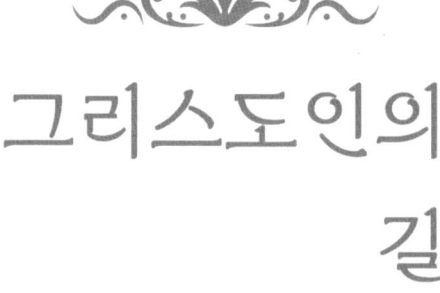

# 그리스도인의
# 길

임 정 희 지음

**CLC**

# 목차

추천사 1 **윤공부 목사** | 말씀원 원장, 참나무교회 원로     001

추천사 2 **김영훈 목사** | 영동중앙교회 담임     004

추천사 3 **박영춘 박사** | 한동대학교 전산전자공학부 교수, 하심(하나님의 심정) 사역 대표     006

머리말     014

1. 가장 큰 가치 - 믿음, 소망, 사랑     016
2. 인간은 어떤 존재인가     033
3. 삼위일체 하나님 - 성부, 성자, 성령     044
4. 삶의 목표 - 성령의 9가지 열매     057
5. 하나님께서 주신 계명 - 하나님 사랑과 이웃 사랑     064
6. 이생의 끝 - 천국과 지옥     072

7. 삶의 지침서 - 성경　　　　　　　079

8. 진리란 무엇인가　　　　　　　　087

9. 살아 계신 하나님의 음성 듣기　　094

10. 하나님과의 소통 - 기도　　　　　101

11. 묵상하기　　　　　　　　　　　111

12. 전도하기　　　　　　　　　　　114

성경에 나오는 일반적인 '말씀'을 로고스(logos)라고 합니다. 레마(ῥῆμα, rhema)는 헬라어인데, 하나님의 말씀이 나에게 살아서 역사하여 나와 함께하실 때, 주관적으로 나에게 역사하실 때의 말씀을 뜻합니다.

오늘 이 책을 통하여 하나님께서 여러분에게 주시는 레마를 들으시길 주님의 이름으로 축복합니다.

<이제야 돌아봅니다>라는 찬양을 보면 "나의 모든 지식과 자랑은 십자가 뒤에 숨겨 두고 주님만 내 주님만 나타내기를 간절히 원합니다"라는 가사가 있습니다.

이 글을 쓰는 이 시간, 그 찬양이 계속 제 머릿속을 맴돕니다. 정말로 이 책을 통하여 주님만 나타내기를 간절히 원합니다.

이 책은 아직 하나님을 믿지 않거나 믿은 지 얼마 되지 않아 그리스도인(Christian)의 신앙생활에 대해 잘 모르는 분들께 도움을 드리고자 쓰게 됐습니다.

전도하고 싶은 분이나 새신자들께 성경의 내용들을 쉽게 풀어 신앙에 도움을 드리고 싶을 때 이 책이 도움이 되시길 바랍니다.

사람이 궁금해하는 모든 질문에 대해 성경이 내놓는 해답을 보다 쉽게 만나시길 바라며.

2024. 1. 6.

# 1

# 가장 큰 가치 – 믿음, 소망, 사랑

그리스도(Christ)는 '메시아'의 헬라어로, '기름 부음 받은 자'라는 뜻이다. 인류 구원을 위해 성육신하신 하나님이신 예수님을 가리킨다. 이 예수님을 믿는 사람을 그리스도인(Christian)이라고 한다. 그리스도를 믿는 사람이라는 뜻이다. 그 예수님의 탄생을 기념하는 날을 성탄절, 크리스마스(Christmas)라고 부른다.

> 그런즉 믿음, 소망, 사랑, 이 세 가지는 항상 있을 것인데 그중의 제일은 사랑이라 (고린도전서 13:13).

그리스도인에게 가장 큰 가치(Value)가 무엇일까?

위의 성경 말씀은 우리에게 그것이 "믿음(Faith), 소망(Hope), 사랑(Love)이며, 그중에 사랑이 최고"라고 한다. 그리스도인이 평생 가장 으뜸으로 생각하고 목숨 바쳐 추구해야 하는 가장 중요한 가치가 바로 믿음, 소망, 사랑이라는 것이다.

그렇다면 어떤 믿음, 어떤 소망, 어떤 사랑을 의미하는 것일까?

## 1. 믿음

> 믿음이 없이는 하나님을 기쁘시게 하지 못하나니 하나님께 나아가는 자는 반드시 그가 계신 것과 또한 그가 자기를 찾는 자들에게 상 주시는 이심을 믿어야 할지니라 (히브리서 11:6).

그리스도인에게 믿음은 바로 '하나님을 믿는 믿음'을 뜻한다. 하나님을 믿는 삶과 믿지 않는 삶은 완전히 다른 삶이다. 선하시며 전지전능하신 창조주, 사랑의 하나님께서 말씀하신 진리 안에 거하는 삶은 세상의 가치관을 갖고 살아가는 삶과 매우 다르다.

돈, 명예, 권력, 쾌락 등을 따라가는 세상의 풍토 속에서 하나님을 사랑하고, 이웃을 내 몸과 같이 사랑하라 하시는 하나님의 말씀을 믿는 삶인 것이다.

하나님을 믿는 믿음으로 사람은 하나님의 자녀가 되는 권세를 얻고, 성경(Holy Bible)을 읽어 진리 안에서 자유롭게 살 수 있으며, 죽어서 영원토록 하나님이 계시는 영의 공간인 천국(Heaven)에 머무르게 되는 영광이 주어진다.

이게 믿음의 효과다. 이 믿음을 지키려고 순교한 믿음의 선열들과 고난받은 주님의 종들이 얼마나 많은가.

성경의 히브리서 11장을 우리는 '믿음 장'이라고 한다.

> 믿음으로 모든 세계가 하나님의 말씀으로 지어진 줄을 우리가 아나니 보이는 것은 나타난 것으로 말미암아 된 것이 아니니라 (히브리서 11:3).

태초에 하나님께서 천지를 창조하시고 시간과 공간의 창조주로서 사람이 볼 수 없는 영적 세계와 사람이 살고 있는 이 세상을 이끌어 오셨음을 우리가 믿음으로 안다는 것이다. 우리가 눈으로 보는 이 세계는 보이지 않는 영의 세계에 살고 계시며 모든 곳의 주관자이신 하나님께서 이끌어 가고 계시다.

성경은 우리에게 믿음의 선진들의 이야기를 들려준다.

믿음으로 아벨은 가인보다 더 나은 제사를 하나님께 드림으로 의로운 자라 하시는 증거를 얻었으니 하나님이 그 예물에 대하여 증언하심이라 그가 죽었으나 그 믿음으로써 지금도 말하느니라 믿음으로 에녹은 죽음을 보지 않고 옮겨졌으니 하나님이 그를 옮기심으로 다시 보이지 아니하였느니라 그는 옮겨지기 전에 하나님을 기쁘시게 하는 자라 하는 증거를 받았느니라(히브리서 11:4-5).

믿음으로 노아는 아직 보이지 않는 일에 경고하심을 받아 경외함으로 방주를 준비하여 그 집을 구원하였으니 이로 말미암아 세상을 정죄하고 믿음을 따르는 의의 상속자가 되었느니라 믿음으로 아브라함은 부르심을 받았을 때에 순종하여 장래의 유업으로 받을 땅에 나아갈새 갈 바를 알지 못하고 나아갔으며(히브리서 7-8).

아벨, 에녹, 노아, 아브라함 등 수많은 성경 속 인물의 이야기를 통해 우리는 참믿음이 어떤 것인지 알 수 있는 것이다.

그들은 믿음으로 나라들을 이기기도 하며 의를 행하기도 하며 약속을 받기도 하며 사자들의 입을 막기도 하며 불의 세력을 멸하기도 하며 칼날을 피하기도 하며 연약한 가운데서 강하게 되기도 하며 전쟁에 용감하게 되어 이방 사람들의 진을 물리치기도 하며 여자들은 자기의 죽은 자들을 부활로 받아들이기도 하며 또 어떤 이들은 더 좋은 부활을 얻고자 하여 심한 고문을 받되 구차히 풀려나기를 원하지 아니하였으며 또 어떤 이들은 조롱과 채찍질뿐 아니라 결박과 옥에 갇히는 시련도 받았으며 돌로 치는 것과 톱으로 켜는 것과 시험과 칼로 죽임을 당하고 양과 염소의 가죽을 입고 유리하여 궁핍과 환난과 학대를 받았으니(이런 사람은 세상이 감당하지 못하느니라) 그들이 광야와 산과 동굴과 토굴에 유리하였느니라 이 사람들은 다 믿음으로 말미암아 증거를 받았으나 약속된 것을 받지 못하였으니 이는 하나님이 우리를 위하여 더 좋은 것을 예비하셨은즉 우리가 아니면 그들로 온전함을 이루지 못하게 하심이라(히브리서 11:33-40).

믿음으로 증거를 받고 이 땅에서 약속된 것을 받지 못한 그리스도인들에게는 앞으로 우리에게 약속된 천국에 대한 굳건한 믿음이 있다. 그 믿음은 죽음 뒤에 더 좋은 삶이 우리에게 예비되었다는 믿음이다. 여호와 하나님께서 이 세상을 창조하시고 예수님을 우리의 구세주로 세우시고 보혜사 성령님을 보내 주시고 주님을 믿는 자를 천국에서 영광을 함께 누리며 영원히 살게 하신다는 것을 믿는 믿음이다.

## 2. 소망

> 다만 이뿐 아니라 우리가 환난 중에도 즐거워하나니 이는 환난은 인내를, 인내는 연단을, 연단은 소망을 이루는 줄 앎이로다 소망이 우리를 부끄럽게 하지 아니함은 우리에게 주신 성령으로 말미암아 하나님의 사랑이 우리 마음에 부은 바 됨이니(로마서 5:3-5).

그리스도인들이 궁극적으로 바라는 소망은 무엇일까?

그것은 바로 이 땅 가운데서 살며 자신이 될 수 있는 가장 영적으로 성숙한 존재가 되어 믿음으로 천국에 이르는 것일 것이다.

성경의 모든 말씀은 우리가 이 소망을 성취하고 천국에 반드시 이르길 바라는 마음으로 주어졌다. 그러기에 세상은 바라고 원하는 것을 소망이라 하지만, 성경은 "소망을 이루는 길이 환난을 통한다"고 한다. 이는 성경에서 말하는 소망이 '환난을 통하여 인내를 배우고 인내를 통하여 연단하고 그리하여 모두에게 소망이 되는 존재가 되는 것'을 향한다는 것이다.

결국, 소망이라는 것이 그리스도인의 궁극적인 삶의 목표인 성숙한 영적 존재가 되는 것과 온전히 연결되어 있음을 말해 준다. 이것은 사람의 힘으로 되지 않고 오직 성령(Holy Spirit)의 힘으로, 하나님의 사랑이 우리 마음에 부어져야 가능한 것이다.

로마서 5장 3-5절 말씀이 새번역 성경으로는 아래와 같은데, 개역개정 성경보다 이해하기 쉽다.

> 그뿐만 아니라, 우리는 환난을 자랑합니다. 우리가 알기로, 환난은 인내력을 낳고, 인내력은 단련된 인격을 낳고, 단련된 인격은 희망을 낳는 줄을 알고 있기 때문입니다. 이 희망은 우리를 실망시키지 않습니다. 하나님께서 우리에게 주신 성령을 통하여 그의 사랑을 우리 마음속에 부어 주셨기 때문입니다 (로마서 5:3-5).

그리스도인은 천국 소망을 품고 살고 있다. 험한 이 세상 속에서 "원수까지도 사랑하라" 하신 성경의 말씀을 붙잡고 예수님께서 지셨던 십자가를 나도 지며 걸어가는 삶에 어찌 고난과 환난이 없을 수 있을까.

이 믿음의 행진 끝에 언젠가는 천국에 도달할 것이라는 소망을 품으며 오늘도 하늘을 바라보고 내 삶의 모든 순간순간을 아실 선하신 하나님을 바라보며 살아가는 것이다. 그러면 하나님께서는 우리 마음속에 다양한 소망을 넣어 주시고 이 땅 가운데서의 삶을 살아가는 동안 이루어 주신다.

구름보다 많은 증인이 우리 앞에서 신앙생활을 하고 하나님께서 그들의 삶 속에 어떻게 역사하셨는지, 그들의 마음속에 어떤 소망을 심고 이루어 주셨는지 증언하고 있다.

요즘엔 수많은 책과 유튜브 영상을 통해서 역사 속에 살아 숨쉰 그리스도인들의 삶과 신앙을 쉽게 접할 수 있고, CBS의 <새롭게 하소서>나 CTS의 <내가 매일 기쁘게>와 같이 그리스도인들이 방송에 출연하여 자신의 삶을 나누는 인터뷰 프로그램들도 있으니 꼭 시청해 보길 권한다.

이 시대에 여전히 살아 계시며 우리들의 삶을 이끌어 가시는 하나님의 놀랍고 감동적인 이야기들을 만날 수 있다. 동시대 사람들의 간증을 보면서 내 삶에도 하나님께서 임하시리라는 믿음과 소망을 키워 나갈 수 있다.

▶ 고난

> 사람이 감당할 시험밖에는 너희가 당한 것이 없나니 오직 하나님은 미쁘사 너희가 감당하지 못할 시험당함을 허락하지 아니하시고 시험당할 즈음에 또한 피할 길을 내사 너희로 능히 감당하게 하시느니라 (고린도전서 10:13).

사람에게 왜 고난과 환난이 일어나는가?

왜 삶에 시험이 있는가?

악인이 벌을 받는 것이야 당연한 것 같지만 세상에서 의인이 고난을 받고 어려운 일을 당하는 경우도 많다.

선하신 하나님께서 살아 계시는데, 왜 이런 일이 발생하는가?

이 문제를 성경 속 욥의 이야기를 통해 조명해 보고자 한다.

> 우스 땅에 욥이라 불리는 사람이 있었는데 그 사람은 온전하고 정직하여 하나님을 경외하며 악에서 떠난 자더라 그에게 아들 일곱과 딸 셋이 태어나니라 그의 소유물은 양이 칠천 마리요 낙타가 삼

천 마리요 소가 오백 겨리요 암나귀가 오백 마리이며 종도 많이 있었으니 이 사람은 동방 사람 중에 가장 훌륭한 자라(욥기 1:1-3).

성경에서는 욥이란 인물을 "온전하고 정직하여 하나님을 경외하며 악에서 떠난 자, 동방에서 가장 훌륭한 자"로 소개한다. 열 명의 자녀와 많은 재산을 지닌 뭇사람이 부러워할 만한 사람이었다.

여호와께서 사탄에게 이르시되 네가 내 종 욥을 주의하여 보았느냐 그와 같이 온전하고 정직하여 하나님을 경외하며 악에서 떠난 자는 세상에 없느니라(욥기 1:8).

이 이야기는 하나님께서 사탄에게 욥을 자랑하심으로 시작된다.

사탄이 여호와께 대답하여 이르되 욥이 어찌 까닭 없이 하나님을 경외하리이까 주께서 그와 그의 집과 그의 모든 소유물을 울타리로 두르심 때문이 아니니이까 주께서 그의 손으로 하는 바를 복되게 하사 그의 소유물이 땅에 넘치게 하셨음이니이다 이제 주의 손을 펴서 그의 모든 소유물을 치소서 그리하시면 틀림

1. 가장 큰 가치 - 믿음, 소망, 사랑 25

없이 주를 향하여 욕하지 않겠나이까(욥기 1:9-11).

하나님께서 사랑하고 자랑스러워하시는 사람을 향한 사탄의 도발을 볼 수 있다. 즉, 이 영혼이 하나님과 영원히 천국에 속할 자인가, 아니면 사탄에게 속한 자인데 복 때문에 하나님을 경외하는 척하고 있는 자인가를 시험해 보지 않고 어떻게 아느냐는 사탄의 질문이다.

하나님께서는 욥의 마음 중심을 아신다. 하나님께서는 복을 거두어 가도 자신을 저버지리 않을 욥의 그 마음을 역사 속에 드러내 보기로 결심하고 사탄에게 욥을 시험하도록 허락하신다. 이를 통해 우리 삶에 장난 아닌 시험들은, 그리고 사람을 향한 역사 속 잔인한 시험들은 하나님께서 직접 하신다기보다는 대부분 사탄이 주는 것이라는 것을 알 수 있다.

자, 사탄이 어떤 시험을 줄 수 있는지 살펴보자.

욥의 자녀들이 모두 맏형의 집에서 먹고 마실 때 스바 사람이 와서 소와 나귀들을 빼앗고 종들을 죽이는 일이 발생한다. 또 불이 하늘에서 내려와 양과 종을 살라 버리고, 갈대아 사람들이 약대를 빼앗고 종들을 죽인다. 대풍이 와서 욥의 자녀들이 있는 집 네 모퉁이를 치매 무너지므로 모든 자녀가 죽고 만다.

사탄은 욥의 발바닥에서 정수리까지 악창이 나게 하여 욥이 재 가운데 앉아서 기와 조각을 가져다가 몸을 긁는 신세가 되게 한다. 갑자기 자녀들과 재산, 종들을 모두 잃고 아픔과 가려움 속에 잠들 수 없는 날들이 욥에게 닥친 것이다.

욥기의 상당 부분은 이런 일을 당한 욥이 자신의 한탄스러운 마음을 자신을 찾아온 세 친구에게 이야기하는 것으로 구성되어 있다. 그 내용은 주로 욥의 친구들이 욥이 죄를 지어서 그에게 시험이 닥친 것이라고 정죄하는 장면으로 이루어져 있다. 욥기 3장부터 37장까지다.

그들의 이야기가 한참 오가고 38장에서 드디어 여호와 하나님께서 등장하신다.

> 그때에 여호와께서 폭풍우 가운데에서 욥에게 말씀하여 이르시되 (욥기 38:1).

하나님께서는 고난받은 의인을 찾아오사 자신이 누구인지를 알려 주신다. 그리고 욥은 하나님을 눈으로 직접 보게 된다.

> 내가 주께 대하여 귀로 듣기만 하였사오나 이제는 눈으로 주를
> 뵈옵나이다(욥기 42:5).

하나님께서는 고난 속에서도 하나님을 원망하거나 배반하지 아니한 욥에게 이전보다 더 큰 복을 주신다.

> 여호와께서 욥의 말년에 욥에게 처음보다 더 복을 주시니 그가 양만 사천과 낙타 육천과 소 천 겨리와 암나귀 천을 두었고 또 아들 일곱과 딸 셋을 두었으며 그가 첫째 딸은 여미마라 이름하였고 둘째 딸은 굿시아라 이름하였고 셋째 딸은 게렌합북이라 이름하였으니 모든 땅에서 욥의 딸들처럼 아리따운 여자가 없었더라 그들의 아버지가 그들에게 그들의 오라비들처럼 기업을 주었더라 그 후에 욥이 백사십 년을 살며 아들과 손자 사대를 보았고 욥이 늙어 나이가 차서 죽었더라(욥기 42:12-17).

천국에서 사람은 영생한다. 영원토록 하나님과 함께 한 나라에서 살아가는 것이다.

우리는 천국에 들어가기 위한 관문을 통과해야 하는데 인생 속에 일어나는 사건들을 통해서 나 자신이 어떤 존재인지 역사 속에 증명해야 하는 것이다.

나는 천국에서 영원히 하나님과 함께 살아가기에 합당한 자인가?

하나님께서는 우리가 스스로 그것을 증명할 기회를 주신다. 어떤 고난이 와도 선을 선택할 자임을 드러내게 하신다.

> 고난당한 것이 내게 유익이라 이로 말미암아 내가 주의 율례들을 배우게 되었나이다(시편 119:71).

우리에게 고난과 고통, 시험이 다가올 때 우리는 바라볼 곳이 있다. 바로 십자가에 못 박힌 예수 그리스도다.

구약 시대에는 사람이 죄를 지었을 때 죄를 사하기 위해 율법적으로 속죄제, 속건제, 번제, 화목제 등의 제사를 하나님께 드려서 해결했다. 그렇게 짐승을 잡아 제사를 드렸던 시대를 끝내시고 하나님께서는 하나뿐인 아들 예수님을 사람들의 모든 죄를 단번에 없앨 화목 제물로 이 땅에 보내셨다.

> 그가 찔림은 우리의 허물 때문이요 그가 상함은 우리의 죄악 때문이라 그가 징계를 받으므로 우리는 평화를 누리고 그가 채찍

에 맞으므로 우리는 나음을 받았도다(이사야 53:5).

죄가 없으신 예수님의 고난을 보면서, 내 죄를 대속하신 예수님의 십자가 위 죽음의 고통을 마주하면서, 내가 지고 있는 내 삶의 십자가를 그분과 함께 지고 갈 수 있게 된다. 예수님께서 주시는 평화를 누리게 된다.

## 3. 사랑

> 사랑은 오래 참고 사랑은 온유하며 시기하지 아니하며 사랑은 자랑하지 아니하며 교만하지 아니하며 무례히 행하지 아니하며 자기의 유익을 구하지 아니하며 성내지 아니하며 악한 것을 생각하지 아니하며 불의를 기뻐하지 아니하며 진리와 함께 기뻐하고 모든 것을 참으며 모든 것을 믿으며 모든 것을 바라며 모든 것을 견디느니라(고린도전서 13:4-7).

위의 말씀이 바로 성경에서 정의하는 '사랑'이다. 그리스도인이 품고 지녀야 할 사랑의 실체인 것이다.

참으로 어렵다고 생각하지 않는가?

어떻게 오래 참는가?

얼마나 오래 참아야 하는 것인가?

내 유익을 구하지 않는 삶은 인간에게 가능한가?

성내지 않고도 살 수 있는가?

"모든 것을 참으며 모든 것을 믿으며 모든 것을 바라며 모든 것을 견디는" 이 사랑은 바로 하나님 자신께서 생각하고 행하시는 사랑이다. 우리가 이 사랑을 하며 살려면 사랑의 원천이신 하나님의 사랑을 공급받아야 한다.

> 내가 확신하노니 사망이나 생명이나 천사들이나 권세자들이나 현재 일이나 장래 일이나 능력이나 높음이나 깊음이나 다른 어떤 피조물이라도 우리를 우리 주 그리스도 예수 안에 있는 하나님의 사랑에서 끊을 수 없으리라 (로마서 8:38-39).

그 어떤 것도 우리를 "하나님의 사랑에서 끊을 수 없다"고 성경은 단언한다. 우리를 향한 하나님의 사랑은 2천 년 전 우리를 구원하고자 인간이 되어 우리의 죄를 대신하여 십자가에 달려 돌아가시고 3일 만에 부활하여 천국으로 올라가신 하나님의 독생자 예수님을 통하여 온전히 실현되었다.

하나님께서는 천국으로 사람들을 데려오기 위해 참을 수 없는 인간의 죄 문제를 예수님을 통해, 예수님을 우리의 화목 제물로 삼으심으로 해결하시고, 우리의 죄성은 믿는 자들에게 성령을 보내 주사 성령의 9가지 열매(사랑, 희락, 화평, 오래 참음, 자비, 양선, 충성, 온유, 절제)를 맺는 삶으로 이끄심으로써 해결하셨다.

> 사랑하는 자들아 하나님이 이같이 우리를 사랑하셨은즉 우리도 서로 사랑하는 것이 마땅하도다 어느 때나 하나님을 본 사람이 없으되 만일 우리가 서로 사랑하면 하나님이 우리 안에 거하시고 그의 사랑이 우리 안에 온전히 이루어지느니라 (요한일서 4:11-12).

하나님께서 예수님을 통하여 우리를 향한 그 사랑을 확증하셨기에, 우리도 서로 사랑하며 살아야 함이 마땅하다.

성경은 우리가 서로 사랑하면 하나님께서 우리 안에 거하시고, 그의 사랑이 우리 안에 온전히 이루어진다고 한다.

# 2

## 인간은 어떤 존재인가

하나님이 이르시되 우리의 형상을 따라 우리의 모양대로 우리가 사람을 만들고 그들로 바다의 물고기와 하늘의 새와 가축과 온 땅과 땅에 기는 모든 것을 다스리게 하자 하시고 하나님이 자기 형상 곧 하나님의 형상대로 사람을 창조하시되 남자와 여자를 창조하시고 (창세기 1:26-27).

엄마와 아빠는 아기의 탄생을 기다리며 아이가 잘 곳, 입을 것 등을 마련한다. 아이에게 건강한 모유를 주기 위해 엄마는 먹는 것을 가리며 분유를 준비하기도 한다.

하나님께서도 사람을 만드시기 전에 온 천지를 먼저 창조하고 준비하셨다. 빛, 하늘, 바다, 땅, 해와 달과 별, 식물, 동물 등을 만드시고 마지막에 사람을 창조하셨다.

사람은 과연 어떤 존재로 창조되었는가?

성경은 사람이 하나님의 형상을 따라 하나님의 모습대

로 만들어졌고, 이 세상의 식물 및 동물들을 다스리게 창조되었다고 한다.

우리의 모습은 하나님을 닮았고 하나님께서 우리 인간을 다스리시는 것과 꼭 비슷하게 우리도 이 세상의 생물들을 다스리도록 창조되었다는 것이다. 사람은 하나님께서 창조하고 보시기에 심히 좋았던, 하나님을 닮은 정말 귀한 존재요, 생명이다.

하나님께서 남자인 아담과 여자인 하와를 창조하시고 그들을 에덴동산에 두셨는데, 이때 모든 실과 중에 선악을 알게 하는 나무만은 먹지 말라고 당부하셨다.

그러나 어느 날, 간교한 뱀이 하와에게 나타나 그녀를 꾀었고, 뱀의 꾐에 넘어 간 하와는 자신도 선악과를 먹고 아담에게도 먹게 했다. 하나님의 말씀을 어기고 뱀의 말을 듣기로 선택한 인간에게 하나님께서는 다음과 같이 말씀하셨다.

> 또 여자에게 이르시되 내가 네게 임신하는 고통을 크게 더하리니 네가 수고하고 자식을 낳을 것이며 너는 남편을 원하고 남편은 너를 다스릴 것이니라 하시고 아담에게 이르시되 네가 네 아내의 말을 듣고 내가 네게 먹지 말라 한 나무의 열매를 먹었은즉

땅은 너로 말미암아 저주를 받고 너는 네 평생에 수고하여야 그 소산을 먹으리라 땅이 네게 가시덤불과 엉겅퀴를 낼 것이라 네가 먹을 것은 밭의 채소인즉 네가 흙으로 돌아갈 때까지 얼굴에 땀을 흘려야 먹을 것을 먹으리니 네가 그것에서 취함을 입었음이라 너는 흙이니 흙으로 돌아갈 것이니라 하시니라(창세기 3:16-19).

자녀의 출생을 위한 임신, 육아, 가정의 질서, 수고로운 일을 해야 먹고살게 되는 원리, 흙으로 되돌아가는 사망에 이르기까지 앞으로 인간의 일생이 어떠할 것인지에 대해 간결히 말씀하시고 가죽옷을 지어 입히신 뒤 에덴동산에서 내보내 그의 근원이 된 땅을 갈게 하셨다.

사람의 삶이 선악과를 따 먹은 사건 이후에 얼마나 극적으로 변하게 되었는지 눈에 보이는 것도 중요하지만 더 중요한 것은 영적 측면의 변화이다.

중요한 것은 선택이다. 하나님을 선택하느냐, 뱀(사탄)을 선택하느냐의 문제다. 누구의 말을 듣고 사느냐의 문제다.

첫 사람인 아담의 선택은 인류에게 영원한 고통을 가져올 '죄성', 즉 하나님을 거역하고 사탄의 말 또는 자기 눈에 탐스러워 보이는 것을 선택한 '악의 본성'을 인간의 영에 심어 놓았다.

성경은 분명히 말한다. 인간은 악한 본성이 있는 존재라고.

> 기록된 바 의인은 없나니 하나도 없으며 깨닫는 자도 없고 하나님을 찾는 자도 없고 다 치우쳐 함께 무익하게 되고 선을 행하는 자는 없나니 하나도 없도다(로마서 3:10-12).

인류의 역사를 통해 우리는 사람마다 그 정도의 차이가 있을 뿐 인간 모두가 악한 본성이 있다는 것을 알 수 있다. 지금도 여전히 우리는 사람이 살인, 강간, 고문, 학대, 폭행 등의 죄악을 저지르고 있는 소식을 자주 접한다.

아담과 하와가 에덴동산에서 쫓겨난 이후 끊이지 않았던 죄악들이다. 인류에게 끊이지 않았던 학살과 전쟁의 역사가 지금도 되풀이되고 있다. 비단 범죄만의 문제가 아니다.

자기 자신의 유익을 구하는 인간의 본성은 어떠한가?

성경은 사람에게 사랑을 하고 살아야 한다고 이야기하며, 그 사랑은 "자기의 유익을 구하지 아니하는"(고린도전서 13:5) 사랑이라고 이야기한다.

세상에서 내가 잘나고 싶고, 삶의 자원들을 차지하기

위한 이 치열한 전쟁에서 내 편만 이기고 싶고, 나보다 못한 사람인 것 같으면 무시하게 되고, 세상 권력과 명예와 경쟁에서 승리하기 위해서 달콤한 악마의 속삭임에 넘어가지 않는가?

이런 사람들의 일반적인 성품들이 영원한 '선'의 편에 서 계신 하나님을 등지는 성품인 것이다. 이러한 '죄성'을 지닌 아담의 자손들이 땅에 퍼지면서 사람의 죄악이 세상에 가득함과 그의 마음으로 생각하는 모든 계획이 항상 악할 뿐임을 보시고 여호와 하나님께서 땅 위에 사람 지으셨음을 한탄하사 마음에 근심하셨다.

결국, 홍수로 땅을 멸하기로 결정하신다. 이것은 창세기에 기록된 일이다.

이때 의인이요 당대에 완전한 자였고 하나님과 동행하였던 노아와 그의 가족들은 은혜를 입어 방주에 들어가 살아남게 된다. 우리는 모두 노아와 그의 자녀들의 자손들인 것이다. 40일간의 홍수 후 땅이 마른 뒤 방주에서 나온 노아는 하나님께 제사를 드린다.

> 노아가 여호와께 제단을 쌓고 모든 정결한 짐승과 모든 정결한 새 중에서 제물을 취하여 번제로 제단에 드렸더니 여호와께서

> 그 향기를 받으시고 그 중심에 이르시되 내가 다시는 사람으로 말미암아 땅을 저주하지 아니하리니 이는 사람의 마음이 계획하는 바가 어려서부터 악함이라 내가 전에 행한 것 같이 모든 생물을 다시 멸하지 아니하리니 (창세기 8:20-21).

하나님께서는 노아와 그 아들들에게 복을 주시며 "생육하고 번성하리라"(창세기 8:17)고 말씀하셨다. 그리고 땅을 멸할 홍수가 다시는 있지 않을 것을 약속하시며 무지개를 언약의 증거로 주셨다.

> 창세로부터 그의 보이지 아니하는 것들 곧 그의 영원하신 능력과 신성이 그가 만드신 만물에 분명히 보여 알려졌나니 그러므로 그들이 핑계하지 못할지니라 하나님을 알되 하나님을 영화롭게도 아니하며 감사하지도 아니하고 오히려 그 생각이 허망하여지며 미련한 마음이 어두워졌나니 (로마서 1:20-21).

성경은 말한다. 하나님의 영원하신 능력과 신성이 하나님께서 만드신 만물에 분명히 보여 알려졌다고. 그러니 "하나님이 없다"라고 말하는 사람들이 핑계치 못할 것이라고. 사람들은 신이 존재할 것이라고 생각하면서도 선하신 하나님을 영화롭게도 아니하고, 감사하지도 않고, 미련한 마음에 악함을 향했다고.

한 존재로 태어나서 어떻게 부드러운 살과 피와 뼈가 있는 신체와 영원히 사라지지 않는 영혼이 있는 사람이라는 존재에 못으로 구멍을 뚫을 생각을 할 수 있을까?
그게 사람일까?
사람의 탈을 쓴 악령일까?
인간이 지금껏 자행해 온 악을 마주하게 될 때 그 잔인함에, 그 사악함에 치를 떨게 되는데, 하늘에 계신 하나님의 마음도 그렇지 않으실까?

그러므로 한 사람으로 말미암아 죄가 세상에 들어오고 죄로 말미암아 사망이 들어왔나니 이와 같이 모든 사람이 죄를 지었으므로 사망이 모든 사람에게 이르렀느니라 (로마서 5:12).

모든 사람이 죄를 지었으므로 사망이 모든 사람에게 이르렀다. 이렇게 사람은 사람 자체로는 희망이 아예 없는 존재이다. 죄와 함께 영원한 형벌의 지옥에 다다르게 될 운명의 존재인 것이다.

> 우리는 그가 만드신 바라 그리스도 예수 안에서 선한 일을 위하여 지으심을 받은 자니 이 일은 하나님이 전에 예비하사 우리로 그 가운데서 행하게 하려 하심이니라(에베소서 2:10).

그러나 우리의 운명을 완전히 바꾸어 주실 분이 나타나셨다. 바로 우리를 위하여 피 흘려 죽으신 하나님의 독생자 예수 그리스도시다. 그가 우리의 죄를 대속하셨으므로, 예수님을 구주로 고백하는 우리는 예수 그리스도 안에서 선한 일을 위하여 지으심을 받은 자로 거듭난다.

> 그리스도 안에 있으면 새로운 피조물이라 이전 것은 지나갔으니 보라 새것이 되었도다(고린도후서 5:17).

그러므로 그리스도 예수 안에서 새로운 피조물이 되어 하나님의 자녀요, 천국 백성으로서의 새 운명을 부여받는다.

> 그러나 너희는 택하신 족속이요 왕 같은 제사장들이요 거룩한 나라요 그의 소유가 된 백성이니 이는 너희를 어두운 데서 불러내어 그의 기이한 빛에 들어가게 하신 이의 아름다운 덕을 선포하게 하려 하심이라(베드로전서 2:9).

그리스도인들은 하나님께서 태초부터 "택하신 족속이요 왕 같은 제사장들이요 거룩한 나라요 하나님의 소유"가 된 백성들이다. 우리는 어둠에서 나와 하나님의 빛에 들어가게 된다.

> 내가 그리스도와 함께 십자가에 못 박혔나니 그런즉 이제는 내가 사는 것이 아니요 오직 내 안에 그리스도께서 사시는 것이라 이제 내가 육체 가운데 사는 것은 나를 사랑하사 나를 위하여 자기 자신을 버리신 하나님의 아들을 믿는 믿음 안에서 사는 것이라 (갈라디아서 2:20).

이제는 내가 내 뜻대로 내 소욕대로 사는 것이 아니고, 내 안에 그리스도 예수께서 사시는 것이며, 성령과 동행하는 삶을 사는 것이다. "나를 사랑하사 나를 위하여 자기 자신을 버리신" 예수님을 믿는 믿음 안에서 사는 것이다.

이로써 인간은 자신의 죄성을 십자가에 못박고 성령이 충만하여 사랑, 희락, 화평, 오래 참음, 자비, 양선, 충성, 온유, 절제와 같은 성령의 열매들을 맺으며 살게 되는 존재로 거듭나게 된다.

> 또 어떤 사람이 타국에 갈 때 그 종들을 불러 자기 소유를 맡김과 같으니 각각 그 재능대로 한 사람에게는 금 다섯 달란트를, 한 사람에게는 두 달란트를, 한 사람에게는 한 달란트를 주고 떠났더니(마태복음 25:14-15).

예수님께서 천국에 대한 비유로 이 말씀을 하셨다. 어떤 사람이 타국에 가는데 종을 불러서 자기 소유를 맡겼다. 각각 재능대로 달란트를 주고 떠났는데, 한 달란트는 어른 15년 품삯에 해당하는 돈이다.

다섯 달란트를 받은 사람은 장사하여 또 다섯 달란트를 남기고, 두 달란트 받은 자도 그리하여 두 달란트를 남겼는데, 한 달란트 받은 자는 땅을 파고 주인 돈을 감춰 두었다.

오랜 후에 주인이 돌아와 종들과 결산을 하는데, 받은 달란트로 열심히 장사하여 또 다른 달란트를 남겼던 다섯 달란트와 두 달란트를 받았던 자들에게 주인은 말한다.

> 착하고 충성된 종아 네가 적은 일에 충성하였으매 내가 많은 것을 네게 맡기리니 네 주인의 즐거움에 참여할지어다(마태복음 25:21).

그러나 한 달란트를 받아 그저 땅에 묻고 아무것도 하

지 않은 자에게 주인은 말한다.

> 그 주인이 대답하여 이르되 악하고 게으른 종아 나는 심지 않은 데서 거두고 헤치지 않은 데서 모으는 줄로 네가 알았느냐 그러면 네가 마땅히 내 돈을 취리하는 자들에게나 맡겼다가 내가 돌아와서 내 원금과 이자를 받게 하였을 것이니라 하고 그에게서 그 한 달란트를 빼앗아 열 달란트 가진 자에게 주라 무릇 있는 자는 받아 풍족하게 되고 없는 자는 그 있는 것까지 빼앗기리라 이 무익한 종을 바깥 어두운 데로 내쫓으라 거기서 슬피 울며 이를 갈리라 하니라(마태복음 25:26-30).

하나님께서는 우리에게 생명을 주신다. 시간을 주시고 이 세상을 살아갈 자원과 함께 삶을 주신다. 이 삶의 여정이 끝나고 나면 우리는 심판대 위에 서서 주님과 함께 우리 삶을 결산할 날이 온다.

우리가 받은 것들을 활용하여 어떤 삶을 살았는가 확인할 때, 착하고 충성된 종으로 평가받고 주인의 즐거움에 참여하는 자가 될 것인가. 혹은 악하고 게으른 종으로 평가받아 바깥 어두운 데로 내쫓기고 슬피 울며 이를 갈게 되는 상황을 맞이하게 될 것인가. 반드시 생각해 볼 일이다.

# 삼위일체 하나님 – 성부, 성자, 성령

하나님을 믿으라고 하는데, 도대체 하나님이 어떤 분이시길래 자꾸 믿으라고 하는 것일까?

그리스도인은 성부 하나님과 성자 예수님, 보혜사 성령님을 삼위일체의 하나님으로 믿는다.

## 1. 성부 하나님

> 태초에 하나님이 천지를 창조하시느니라 땅이 혼돈하고 공허하며 흑암이 깊음 위에 있고 하나님의 영은 수면 위에 운행하시니라 하나님이 이르시되 빛이 있으라 하시니 빛이 있었고 (창세기 1:1-3).

성경의 가장 처음에 나오는 말씀이다. 하나님께서는 태초에 천지를 창조한 분이시다. 창세기에는 하나님께서 천지 만물과 인간을 창조하셨다고 기록되어 있다.

> 이것이 천지가 창조될 때에 하늘과 땅의 내력이니 여호와 하나님이 땅과 하늘을 만드시던 날에(창세기 2:4).

그리고 성경은 하나님의 이름이 "여호와"(Jehovah)라고 말해 준다.

> 하나님이 모세에게 이르시되 나는 스스로 있는 자이니라 또 이르시되 너는 이스라엘 자손에게 이같이 이르기를 스스로 있는 자가 나를 너희에게 보내셨다 하라(출애굽기 3:14).

하나님께서는 "나는 스스로 있는 자"(I am who I am)라고 하셨다. 하나님께서는 피조된 존재가 아니라 스스로 존재하는 분이시다.

> 이스라엘의 왕인 여호와, 이스라엘의 구원자인 만군의 여호와가 이같이 말하노라 나는 처음이요 나는 마지막이라 나 외에 다른 신이 없느니라(이사야 44:6).

하나님께서는 말씀하셨다. 하나님 외에는 신이 없다고. 만군의 여호와 하나님은 유일한 신이시다.

> 주 하나님이 이르시되 나는 알파와 오메가라 이제도 있고 전에도 있었고 장차 올 자요 전능한 자라 하시더라(요한계시록 1:8).

하나님께서는 시작과 끝이시다. 시간이 존재한 이래 늘 계셨고, 전능한 분이시다.

> 하나님은 영이시니 예배하는 자가 영과 진리로 예배할지니라 (요한복음 4:24).

하나님께서는 영이시다.

> 우리가 그에게서 듣고 너희에게 전하는 소식은 이것이니 곧 하나님은 빛이시라 그에게는 어둠이 조금도 없으시다는 것이니라 (요한일서 1:5).

하나님께서는 빛이시다. 어둠이 조금도 없는 분이시다.

여호와는 의인을 감찰하시고 악인과 폭력을 좋아하는 자를 마음에 미워하시도다(시편 11:5).

여호와는 의로우사 의로운 일을 좋아하시나니 정직한 자는 그의 얼굴을 뵈오리로다(시편 11:7).

여호와는 선하시고 정직하시니 그러므로 그의 도로 죄인들을 교훈하시리로다(시편 25:8).

여호와의 눈은 의인을 향하시고 그의 귀는 그들의 부르짖음에 기울이시는도다(시편 34:15).

여호와께서 공의로운 일을 행하시며 억압당하는 모든 자를 위하여 심판하시는도다(시편 103:6).

여호와는 은혜로우시며 긍휼이 많으시며 노하기를 더디 하시며 인자하심이 크시도다(시편 145:8).

여호와께서는 모든 것을 선대하시며 그 지으신 모든 것에 긍휼을 베푸시는도다(시편 145:9).

여호와 하나님께서는 의로우시고 선하시며 정직하고 공의로우시며 은혜로우시고 긍휼이 많으시며 노하기를 더디 하며 인자하심이 큰 분이시다.

> 주는 계신 곳 하늘에서 들으시고 사유하시며 각 사람의 마음을 아시오니 그 모든 행위대로 행하사 갚으시옵소서 주만 홀로 인생의 마음을 다 아심이니이다(열왕기상 8:39).

하나님께서는 홀로 모든 인생의 마음과 생각을 다 아신다.

> 사랑하지 아니하는 자는 하나님을 알지 못하나니 이는 하나님은 사랑이심이라(요한일서 4:8).

가장 중요한 것은 하나님께서는 사랑이시라는 것이다.

## 2. 성자 예수님

> 본래 하나님을 본 사람이 없으되 아버지 품 속에 있는 독생하신 하나님이 나타내셨느니라(요한복음 1:18).

예수님께서는 하나님의 하나밖에 없는 아들(독생자)이시다. 하나님께서는 예수님을 사랑하고 기뻐하신다.

> 말할 때에 홀연히 빛난 구름이 그들을 덮으며 구름 속에서 소리가 나서 이르시되 이는 내 사랑하는 아들이요 내 기뻐하는 자니 너희는 그의 말을 들으라 하시는지라(마태복음 17:5).

> 너희 안에 이 마음을 품으라 곧 그리스도 예수의 마음이니 그는 근본 하나님의 본체시나 하나님과 동등됨을 취할 것으로 여기지 아니하시고 오히려 자기를 비워 종의 형체를 가지사 사람들과 같이 되셨고 사람의 모양으로 나타나사 자기를 낮추시고 죽기까지 복종하셨으니 곧 십자가에 죽으심이라(빌립보서 2:5-8).

예수님의 근본은 하나님의 본체시다. 하나님께서는 사람들을 사랑하사 천국에서 영으로 존재하셨던 예수님을 약 2천 년 전 인간으로 세상에 오게 하시어 십자가에서 죽고 부활하게 하심으로 예수님을 믿는 사람들에게 영생을 얻게 하셨다. 예수님께서는 인간의 죄로 인하여 하나님과 인간 사이에 막혀 있던 담을 허문 분이시다.

> 하나님이 세상을 이처럼 사랑하사 독생자를 주셨으니 이는 그를 믿는 자마다 멸망하지 않고 영생을 얻게 하려 하심이라(요한복음 3:16).

> 예수께서 이르시되 내가 곧 길이요 진리요 생명이니 나로 말미암지 않고는 아버지께로 올 자가 없느니라(요한복음 14:6).

예수님께서는 길이요 진리요 생명이시다. 예수님을 통하지 않고서는 하나님이 계시는 천국에 갈 수가 없다.

> 그러므로 우리에게 큰 대제사장이 계시니 승천하신 이 곧 하나님의 아들 예수시라 우리가 믿는 도리를 굳게 잡을지어다(히브리서 4:14).

예수님께서는 우리의 큰 대제사장이시다. 구약 시대에

대제사장은 하나님께서 택하사 사람들을 위하여 예물과 속죄하는 제사를 드리게 하는 자로서, 이 존귀는 오직 아론과 같이 하나님의 부르심을 받은 자에게 부여되었다.

예수님께서는 스스로를 십자가에 드림으로써 사람의 죄를 속죄하는 제사를 단번에 영원히 완성하셨다.

> 그는 육체에 계실 때에 자기를 죽음에서 능히 구원하실 이에게 심한 통곡과 눈물로 간구와 소원을 올렸고 그의 경건하심으로 말미암아 들으심을 얻었느니라 그가 아들이시면서도 받으신 고난으로 순종함을 배워서 온전하게 되셨은즉 자기에게 순종하는 모든 자에게 영원한 구원의 근원이 되시고 하나님께 멜기세덱의 반차를 따른 대제사장이라 칭하심을 받으셨느니라(히브리서 5:7-10).

> 나의 자녀들아 내가 이것을 너희에게 씀은 너희로 죄를 범하지 않게 하려 함이라 만일 누가 죄를 범하여도 아버지 앞에서 우리에게 대언자가 있으니 곧 의로우신 예수 그리스도시라 그는 우리 죄를 위한 화목 제물이니 우리만 위할 뿐 아니요 온 세상의 죄를 위하심이라 우리가 그의 계명을 지키면 이로써 우리가 그를 아는 줄로 알 것이요(요한일서 2:1-3).

예수님께서는 하나님 앞에 우리의 대언자가 되시는 의로운 분이시며 우리와 온 세상의 죄를 위한 화목 제물이시다.

> 나는 선한 목자라 나는 내 양을 알고 양도 나를 아는 것이 아버지께서 나를 아시고 내가 아버지를 아는 것 같으니 나는 양을 위하여 목숨을 버리노라(요한복음 10:14-15).

예수님은 우리의 선한 목자시다. 예수님께서는 우리를 잘 아시며 그분의 양인 그리스도인들은 예수님을 알고 주님으로 고백한다. 예수님께서는 양인 우리를 위하여 목숨을 버리셨던 분이다.

## 3. 보혜사 성령님

> 내가 아버지께 구하겠으니 그가 또 다른 보혜사를 너희에게 주사 영원토록 너희와 함께 있게 하리니 그는 진리의 영이라 세상은 능히 그를 받지 못하나니 이는 그를 보지도 못하고 알지도 못함이라 그러나 너희는 그를 아나니 그는 너희와 함께 거하심이요 또 너희 속에 계시겠음이라(요한복음 14:16-17).

보혜사 성령님께서는 진리의 영으로서 영원토록 그리스도인의 마음에 계시는 분이다.

> 보혜사 곧 아버지께서 내 이름으로 보내실 성령 그가 너희에게 모든 것을 가르치고 내가 너희에게 말한 모든 것을 생각나게 하리라(요한복음 14:26).

보혜사 성령님께서는 우리에게 모든 것을 가르치고 예수님께서 우리에게 말씀하신 모든 것을 생각나게 하는 분이시다.

> 그러나 진리의 성령이 오시면 그가 너희를 모든 진리 가운데로 인도하시리니 그가 스스로 말하지 않고 오직 들은 것을 말하며 장래 일을 너희에게 알리시리라 그가 내 영광을 나타내리니 내 것을 가지고 너희에게 알리시겠음이라(요한복음 16:13-14).

성령께서는 우리를 모든 진리 가운데로 인도하시고 스스로 말하지 않고 하나님께 들은 것을 우리에게 말씀하시며 장래 일을 우리에게 알려 주는 분이시다. 예수님의 영광을 나타내시며 예수님의 것을 가지고 우리에게 알려 주신다.

사도와 함께 모이사 그들에게 분부하여 이르시되 예루살렘을 떠나지 말고 내게서 들은 바 아버지께서 약속하신 것을 기다리라 요한은 물로 세례를 베풀었으나 너희는 몇 날이 못되어 성령으로 세례를 받으리라 하셨느니라(사도행전 1:4-5).

오순절 날이 이미 이르매 그들이 다같이 한곳에 모였더니 홀연히 하늘로부터 급하고 강한 바람 같은 소리가 있어 그들이 앉은 온 집에 가득하며 마치 불의 혀처럼 갈라지는 것들이 그들에게 보여 각 사람 위에 하나씩 임하여 있더니 그들이 다 성령의 충만함을 받고 성령이 말하게 하심을 따라 다른 언어들로 말하기를 시작하니라(사도행전 2:1-4).

성령께서는 예수님께서 승천하신 뒤 오순절 마가의 다락방에 모인 약 120명의 사람들이 마음을 같이하여 오로지 기도에 힘썼을 때, 처음 사람들에게 임재하셨다.

이와 같이 성령도 우리의 연약함을 도우시나니 우리는 마땅히 기도할 바를 알지 못하나 오직 성령이 말할 수 없는 탄식으로 우리를 위하여 친히 간구하시느니라(로마서 8:26).

성령께서는 우리의 연약함을 도우시며 우리가 기도할 바를 알지 못할 때 탄식하며 우리를 위하여 친히 간구하는 분이시다.

> 오직 성령이 너희에게 임하시면 너희가 권능을 받고 예루살렘과 온 유대와 사마리아와 땅끝까지 이르러 내 증인이 되리라 하시니라 (사도행전 1:8).

성령이 우리에게 임하시면 우리가 권능(능력)을 행하게 되고 예수님의 증인이 된다.

> 그러므로 내가 너희에게 알리노니 하나님의 영으로 말하는 자는 누구든지 예수를 저주할 자라 하지 아니하고 또 성령으로 아니하고는 누구든지 예수를 주시라 할 수 없느니라 (고린도전서 12:3).

예수님을 구세주로 시인하는 사람은 성령을 받은 줄 알면 된다. 그러나 성령의 충만함은 사람마다 다를 수 있고, 이 성령으로 인한 은사도 여러 가지다.

각 사람에게 성령을 나타내심은 유익하게 하려 하심이라 어떤 사람에게는 성령으로 말미암아 지혜의 말씀을, 어떤 사람에게는 같은 성령을 따라 지식의 말씀을, 다른 사람에게는 같은 성령으로 믿음을, 어떤 사람에게는 한 성령으로 병 고치는 은사를, 어떤 사람에게는 능력 행함을, 어떤 사람에게는 예언함을, 어떤 사람에게는 영들 분별함을, 다른 사람에게는 각종 방언 말함을, 어떤 사람에게는 방언들 통역함을 주시나니 이 모든 일은 같은 한 성령이 행하사 그의 뜻대로 각 사람에게 나누어 주시는 것이니라(고린도전서 12:7-11).

# 4

# 삶의 목표 – 성령의 9가지 열매

내가 이르노니 너희는 성령을 따라 행하라 그리하면 육체의 욕심을 이루지 아니하리라 육체의 소욕은 성령을 거스르고 성령은 육체를 거스르나니 이 둘이 서로 대적함으로 너희가 원하는 것을 하지 못하게 하려 함이니라 너희가 만일 성령의 인도하시는 바가 되면 율법 아래에 있지 아니하리라 육체의 일은 분명하니 곧 음행과 더러운 것과 호색과 우상 숭배와 주술과 원수 맺는 것과 분쟁과 시기와 분냄과 당 짓는 것과 분열함과 이단과 투기와 술 취함과 방탕함과 또 그와 같은 것들이라 전에 너희에게 경계한 것 같이 경계하노니 이런 일을 하는 자들은 하나님의 나라를 유업으로 받지 못할 것이요 오직 성령의 열매는 사랑과 희락과 화평과 오래 참음과 자비와 양선과 충성과 온유와 절제니 이같은 것을 금지할 법이 없느니라 (갈라디아서 5:16-23).

성경은 우리에게 육체의 소욕을 따르지 말고 성령의 인도하심을 따라 살라고 한다. 우리에게 성령이 충만하면 성령의 9가지 열매인 "사랑, 희락, 화평, 오래 참음, 자비, 양선, 충성, 온유, 절제"를 풍성하게 이루는 삶을 살게 된다. 이는 그리스도인의 삶의 목표이자, 영적으로 얼마나 성숙한 존재인가를 가늠할 때 기준이 되는 덕목이다.

우리 삶의 지향점은 이 9가지 열매를 얼마나 맺으며 살아가고 있는가를 향해야 한다. 즉, 하나님의 신성한 성품에 참여하는 자가 되는 것이 우리가 궁극적으로 도달해야 할 지점인 것이다.

> 이로써 그 보배롭고 지극히 큰 약속을 우리에게 주사 이 약속으로 말미암아 너희가 정욕 때문에 세상에서 썩어질 것을 피하여 신성한 성품에 참여하는 자가 되게 하려 하셨느니라 그러므로 너희가 더욱 힘써 너희 믿음에 덕을, 덕에 지식을, 지식에 절제를, 절제에 인내를, 인내에 경건을, 경건에 형제 우애를, 형제 우애에 사랑을 더하라 (베드로후서 1:4-7).

이러한 성품을 갖고 살아가면 세상에서 우리는 빛과 소금과 같은 존재가 된다.

그렇지만 어디 이런 성품을 갖고 사는 것이 쉬운 일인가?
신성한 신의 성품에 참여하기 위해서는 자기 자신의 성품을 내려놓아야 한다.

> 내가 그리스도와 함께 십자가에 못 박혔나니 그런즉 이제는 내가 사는 것이 아니요 오직 내 안에 그리스도께서 사시는 것이라 이제 내가 육체 가운데 사는 것은 나를 사랑하사 나를 위하여 자기 자신을 버리신 하나님의 아들을 믿는 믿음 안에서 사는 것이라(갈라디아서 2:20).

나 자신의 성품을 십자가에 못 박고, 내 안에 성령께서 사시도록 해야 성령의 9가지 열매를 맺는 삶을 이루는 것이다. 내 안에 주님이 사시는 것이다.

> 또 무리에게 이르시되 아무든지 나를 따라오려거든 자기를 부인하고 날마다 제 십자가를 지고 나를 따를 것이니라(누가복음 9:23).

예수님께서는 분명히 말씀하신다. 자기 자신을 부인하고 자기 삶의 십자가를 지고 하나님의 말씀을 따라 살아가는 것이 주님을 따르는 믿음의 삶이라고 말이다.

그렇다면 성령 충만한 삶을 살기 위해 우리 삶의 모습은 어떠해야 하는가?

> 항상 기뻐하라 쉬지 말고 기도하라 범사에 감사하라 이것이 그리스도 예수 안에서 너희를 향하신 하나님의 뜻이니라(데살로니가전서 5:16-18).

이 귀한 복음이 나에게로 와서 구세주인 예수님을 믿는 삶을 살게 되어 하나님의 자녀가 된 기쁨이 충만하여, 늘 기도에 힘쓰며, 범사에 감사하는 태도로 살아가는 것이 우리를 향하신 하나님의 뜻이라는 것이다. 이것이 그리스도인의 삶의 자세이며 모습이어야 한다.

> 예수께서 이르시되 이방인의 임금들은 그들을 주관하며 그 집 권자들은 은인이라 칭함을 받으나 너희는 그렇지 않을지니 너희 중에 큰 자는 젊은 자와 같고 다스리는 자는 섬기는 자와 같을지니라 앉아서 먹는 자가 크냐 섬기는 자가 크냐 앉아서 먹는 자가 아니냐 그러나 나는 섬기는 자로 너희 중에 있노라(누가복음 22:25-27).

또한, 예수님께서는 스스로 섬기는 자로 우리 중에 있다고 말씀하셨다. 그분의 제자로서 그리스도인들은 어린 자, 약한 자, 아래에 있는 자 위에서 군림하는 것이 아니라 그들을 존중하고 섬기는 자세로 살아가고 빛을 발해야 한다.

그리하여 우리는 성경에서 말하는 "복이 있는 사람"이 되어 살아가길 간절히 소망하는 것이다.

> 심령이 가난한 자는 복이 있나니 천국이 그들의 것임이요 애통하는 자는 복이 있나니 그들이 위로를 받을 것임이요 온유한 자는 복이 있나니 그들이 땅을 기업으로 받을 것임이요 의에 주리고 목마른 자는 복이 있나니 그들이 배부를 것임이요 긍휼히 여기는 자는 복이 있나니 그들이 긍휼히 여김을 받을 것임이요 마음이 청결한 자는 복이 있나니 그들이 하나님을 볼 것임이요 화평하게 하는 자는 복이 있나니 그들이 하나님의 아들이라 일컬음을 받을 것임이요 의를 위하여 박해를 받은 자는 복이 있나니 천국이 그들의 것임이라 (마태복음 5:3-10).

이렇게 그리스도인이 마땅히 가야 할 길로 걸어간다면, 세상이 줄 수 없는 평안이 임한다.

> 평안을 너희에게 끼치노니 곧 나의 평안을 너희에게 주노라 내가 너희에게 주는 것은 세상이 주는 것과 같지 아니하니라 너희는 마음에 근심하지도 말고 두려워하지도 말라(요한복음 14:27).

예수님께서는 우리에게 염려하지 말라고 하신다. 먼저 하나님의 나라와 그의 의를 구하면 우리에게 필요한 모든 것을 우리에게 더하신다고 하셨다.

> 그러므로 내가 너희에게 이르노니 목숨을 위하여 무엇을 먹을까 무엇을 마실까 몸을 위하여 무엇을 입을까 염려하지 말라 목숨이 음식보다 중하지 아니하며 몸이 의복보다 중하지 아니하냐 공중의 새를 보라 심지도 않고 거두지도 않고 창고에 모아들이지도 아니하되 너희 하늘 아버지께서 기르시나니 너희는 이것들보다 귀하지 아니하냐 너희 중에 누가 염려함으로 그 키를 한 자라도 더할 수 있겠느냐 또 너희가 어찌 의복을 위하여 염려하느냐 들의 백합화가 어떻게 자라는가 생각하여 보라 수고도 아니하고 길쌈도 아니하느니라 그러나 내가 너희에게 말하노니 솔로몬의 모든 영광으로도 입은 것이 이 꽃 하나만 같지 못하였느니라 오늘 있다가 내일 아궁이에 던져지는 들풀도 하나님이 이렇게 입히시거든 하물며 너희일까보냐 믿음이 작은 자들아 그러므

로 염려하여 이르기를 무엇을 먹을까 무엇을 마실까 무엇을 입을까 하지 말라 이는 다 이방인들이 구하는 것이라 너희 하늘 아버지께서 이 모든 것이 너희에게 있어야 할 줄을 아시느니라 그런즉 너희는 먼저 그의 나라와 그의 의를 구하라 그리하면 이 모든 것을 너희에게 더하시리라 그러므로 내일 일을 위하여 염려하지 말라 내일 일은 내일이 염려할 것이요 한날의 괴로움은 그 날로 족하니라(마태복음 6:25-34).

수고하고 무거운 짐 진 자들아 다 내게로 오라 내가 너희를 쉬게 하리라(마태복음 11:28).

우리는 자신만의 짐을 지고 삶의 여정을 걸어가고 있다. 우리 주님께서는 수고하고 무거운 짐진 모든 사람에게 말씀하신다. 다 나에게 오라고. 내가 너희를 쉬게 하겠다고. 선한 목자 되신 우리 주님 앞에 우리 삶의 무거운 짐들을 모두 내려놓자.

… 5

# 하나님께서 주신 계명 – 하나님 사랑과 이웃 사랑

예수께서 가라사대 네 마음을 다하고 목숨을 다하고 뜻을 다하여 주 너의 하나님을 사랑하라 하셨으니 이것이 크고 첫째 되는 계명이요 둘째는 그와 같으니 네 이웃을 네 몸과 같이 사랑하라 하셨으니 이 두 계명이 온 율법과 선지자의 강령이니라 (마태복음 22:37-40).

어떤 율법사가 예수님을 시험하고자 어떤 계명이 가장 크냐고 물었을 때 예수님께서는 위와 같이 답하셨다.

하나님께서 성경을 통해 우리에게 주신 여러 계명(명령)은 하나님 사랑과 이웃 사랑, 이 두 가지로 귀결된다는 것이다.

그렇다면 성경에 나오는 주요 계명들을 한번 살펴보자. 가장 대표적으로 모세가 시내산에서 하나님께로부터 받은 십계명이 있는데, 출애굽기 20장 1-17절과 신명기 5장 1-21절에 기록되어 있다.

너는 나 외에는 다른 신들을 네게 두지 말라 너를 위하여 새긴 우상을 만들지 말고 또 위로 하늘에 있는 것이나 아래로 땅에 있는 것이나 땅 아래 물속에 있는 것의 어떤 형상도 만들지 말며 그것들에게 절하지 말며 그것들을 섬기지 말라 나 네 하나님 여호와는 질투하는 하나님인즉 나를 미워하는 자의 죄를 갚되 아버지로부터 아들에게로 삼사 대까지 이르게 하거니와 나를 사랑하고 내 계명을 지키는 자에게는 천 대까지 은혜를 베푸느니라 너는 네 하나님 여호와의 이름을 망령되게 부르지 말라 여호와는 그의 이름을 망령되게 부르는 자를 죄 없다 하지 아니하리라 안식일을 기억하여 거룩하게 지키라 엿새 동안은 힘써 네 모든 일을 행할 것이나 일곱째 날은 네 하나님 여호와의 안식일인즉 너나 네 아들이나 네 딸이나 네 남종이나 네 여종이나 네 가축이나 네 문안에 머무는 객이라도 아무 일도 하지 말라 이는 엿새 동안에 나 여호와가 하늘과 땅과 바다와 그 가운데 모든 것을 만들고 일곱째 날에 쉬었음이라 그러므로 나 여호와가 안식일을 복되게 하여 그날을 거룩하게 하였느니라
네 부모를 공경하라 그리하면 네 하나님 여호와가 네게 준 땅에

> 서 네 생명이 길리라
>
> 살인하지 말라
>
> 간음하지 말라
>
> 도둑질하지 말라
>
> 네 이웃에 대하여 거짓 증거하지 말라
>
> 네 이웃의 집을 탐내지 말라 네 이웃의 아내나 그의 남종이나 그의 여종이나 그의 소나 그의 나귀나 무릇 네 이웃의 소유를 탐내지 말라
>
> (출애굽기 20:3-17).

이스라엘 민족이 종으로 일했던 애굽에서 나오게 되는 과정을 기록한 출애굽기에는 십계명 외에도 제단에 관한 법, 종에 관한 법, 폭행에 관한 법, 임자의 책임, 배상에 관한 법, 도덕에 관한 법, 공평에 관한 법, 안식년과 안식일에 관한 법, 세 가지 절기에 관한 법, 매일 드려야 하는 번제 등의 율법들이 열거되어 있다.

출애굽기 다음에 나오는 레위기에는 제사를 드리는 규례, 아이를 낳은 여인에 대한 규례, 피부에 나병이 생겼을 경우의 규례, 의복이나 가죽에 곰팡이가 생겼을 때의 규례, 환자가 정결하게 되는 날의 규례, 몸에 유출병이 있을 때의 규례, 피를 먹지 말아야 하는 규례, 가증한 풍속을

따르지 말아야 하는 규례, 거룩해야 하는 규례, 반드시 죽여야 하는 죄, 제사장이 지켜야 할 규례, 성물을 먹는 규례, 성회를 삼을 절기, 안식년과 희년, 부당한 이익을 취하지 말아야 하는 규례 등이 자세히 기록되어 있다.

민수기에는 제사장 직분을 행할 레위인들의 임무, 부정한 사람의 처리, 죄에 대한 값, 아내의 간통을 밝히는 절차, 나실인의 법, 시체를 만진 자의 부정함, 도피성, 시집간 여자의 유산 등의 율법이 적혀 있다.

신명기에는 십계명이 다시 언급되며 금지된 애도법, 정한 짐승과 부정한 짐승, 십일조 규례, 빚을 면제해 주는 해, 종을 대우하는 법, 여자 포로를 아내로 삼는 규정, 장자의 상속권, 패역한 아들에게 내리는 벌, 순결에 관한 법, 총회에 들어오지 못하는 사람들, 진영을 거룩하게 하는 법, 이혼과 재혼, 죽은 형제에 대한 의무 등 다양한 계명이 적혀 있다.

성경의 첫 5권인 창세기, 출애굽기, 레위기, 민수기, 신명기는 모세가 쓴 모세오경이라고 불리는데, 세상이 창조되던 때로부터 이스라엘 민족의 리더였던 모세가 죽기까지의 기록을 담고 있다.

출애굽기, 레위기, 민수기, 신명기는 이스라엘 민족이

애굽에서 나와 광야에서 살며 하나님께 받은 계명들을 열거하고 있는데, 이 부분의 성경을 통하여 우리는 얼마나 율법이 상세하고 단호하며 엄격한지 이것을 온전히 지킬 수 있는 자가 한 명도 없을 것이란 생각을 하게 된다. 로마서 3장에 그 말씀이 있다.

> 그러므로 율법의 행위로 그의 앞에 의롭다 하심을 얻을 육체가 없나니 율법으로는 죄를 깨달음이니라(로마서 3:20).

율법으로는 오직 죄를 깨달을 뿐이고 그 율법을 온전히 지켜 의로울 사람이 아예 없다는 것이다.

> 모든 사람이 죄를 범하였으매 하나님의 영광에 이르지 못하더니 그리스도 예수 안에 있는 속량으로 말미암아 하나님의 은혜로 값 없이 의롭다 하심을 얻은 자 되었느니라(로마서 3:23-24).

> 그러므로 사람이 의롭다 하심을 얻는 것은 율법의 행위에 있지 않고 믿음으로 되는 줄 우리가 인정하노라(로마서 3:28).

> 그런즉 우리가 믿음으로 말미암아 율법을 파기하느냐 그럴 수

없느니라 도리어 율법을 굳게 세우느니라(로마서 3:31).

그렇다면 우리에게 희망은 없는가?

이 모든 율법과 계명에 짓눌려 죄책에 사로잡혀 살아가야 할 것인가?

그러나 우리에겐 하나님과 우리 사이에 화목 제물이 되사 우리의 죄를 대속하신 구세주 예수님께서 계시다. 그리하여 우리는 예수 그리스도를 믿는 믿음으로 의롭다 하심을 얻어 하나님의 자녀가 되고 천국 백성이 되는 것이다. 이 믿음으로 인하여 우리는 율법과 계명을 오히려 굳게 세울 수 있다.

> 그러므로 우리가 믿음으로 의롭다 하심을 받았으니 우리 주 예수 그리스도로 말미암아 하나님과 화평을 누리자 또한 그로 말미암아 우리가 믿음으로 서 있는 이 은혜에 들어감을 얻었으며 하나님의 영광을 바라고 즐거워하느니라(로마서 5:1-2).

그리스도인은 예수님을 믿고 하나님과 화평을 누리며 주님께서 말씀하신 하나님 사랑과 이웃 사랑을 실천하며 살면 된다. 사랑은 율법의 완성인 것이다.

피차 사랑의 빚 외에는 아무에게든지 아무 빚도 지지 말라 남을 사랑하는 자는 율법을 다 이루었느니라 간음하지 말라, 살인하지 말라, 도둑질하지 말라, 탐내지 말라 한 것과 그 외에 다른 계명이 있을지라도 네 이웃을 네 자신과 같이 사랑하라 하신 그 말씀 가운데 다 들었느니라 사랑은 이웃에게 악을 행하지 아니하나니 그러므로 사랑은 율법의 완성이니라(로마서 13:8-10).

우리는 세상의 빛이다. 예수께서는 "우리의 빛이 사람들에게 비치게 하여 우리의 착한 행실을 보고 사람들이 하나님께 영광을 돌리게 하라"고 말씀하신다.

너희는 세상의 빛이라 산 위에 있는 동네가 숨겨지지 못할 것이요 사람이 등불을 켜서 말 아래에 두지 아니하고 등경 위에 두나니 이러므로 집 안 모든 사람에게 비치느니라 이같이 너희 빛이 사람 앞에 비치게 하여 그들로 너희 착한 행실을 보고 하늘에 계신 너희 아버지께 영광을 돌리게 하라(마태복음 5:14-16).

그러므로 형제들아 내가 하나님의 모든 자비하심으로 너희를 권하노니 너희 몸을 하나님이 기뻐하시는 거룩한 산 제물로 드리라 이는 너희가 드릴 영적 예배니라(로마서 12:1).

우리가 우리 몸을 하나님께서 기뻐하시는 거룩한 산 제물로 드리는 것이 우리가 드릴 영적 예배라고 성경은 이야기한다. 우리는 거룩한 존재여야 한다.

> 술 취하지 말라 이는 방탕한 것이니 오직 성령으로 충만함을 받으라 시와 찬송과 신령한 노래들로 서로 화답하며 너희의 마음으로 주께 노래하며 찬송하며 범사에 우리 주 예수 그리스도의 이름으로 항상 아버지 하나님께 감사하며 그리스도를 경외함으로 피차 복종하라(에베소서 5:18-21).

그리스도인들은 술에 취하지 말고 성령 충만함으로 살아야 한다. 시와 찬송과 신령한 노래들로 서로 화답하며 주님께 찬송하고 감사하며 그분을 경외하며 서로 복종하며 살아야 한다. 우리에게 주어진 계명이 이러하다.

## 6

# 이생의 끝 – 천국과 지옥

인간은 죽으면 어떻게 될까?

성경은 우리에게 죽음 뒤에 심판이 있다고 말한다. 죽고 난 뒤 심판대 위에 서서 자신이 살아온 삶을 되돌아보게 되고, 십자가에서 죽으사 우리의 죗값을 대신 치르신 구세주 예수님을 믿는 자로서의 삶을 살았는가에 따라 하나님과 함께 영생하는 곳인 천국에 들어갈지, 형벌의 불구덩이인 지옥으로 가게 될지 결정된다고 한다.

> 내 아버지 집에 거할 곳이 많도다 그렇지 않으면 너희에게 일렀으리라 내가 너희를 위하여 거처를 예비하러 가노니 가서 너희를 위하여 거처를 예비하면 내가 다시 와서 너희를 내게로 영접하여 나 있는 곳에 너희도 있게 하리라(요한복음 14:2-3).

우리가 아는 바 예수님을 믿고 성경 말씀대로 산다는

것은 쉬운 일이 아니다. 자신의 욕망을 거스르고 성령의 뜻대로 살아가는 일이기 때문이다. 자신의 내면에서 일어나는 이 치열한 전쟁에서 이겨야 말씀대로 선택하는 삶을 살아갈 수 있다. 기도로써 영적 전쟁에서 먼저 승리해야 가능한 일이다.

그뿐인가?
예수님을 믿는다는 이유로 핍박받는 외부 환경은 어떤가?
어떤 사회가 그리스도인들을 받아들이고 배척하지 않기까지 얼마나 힘든 과정을 역사적으로 거쳐 왔는가?

얼마나 많은 그리스도인이 무고하게 죽고 고난받으면서도 복음을 전하고 기도하며 여기까지 예수님을 구세주로 믿는 믿음이 전파되었는가!
이 믿음을 지키기 위해 우리는 어떤 대가를 지금도 치르고 있는가!
나만의 십자가를 지고 주님과 함께 걸어가는 생이 바로 그리스도인의 길이 아닌가!

그러나 이 길은 진리의 길이요, 축복의 길이다. 그러니 이런 '믿음'을 지키고 산 우리들에게 천국의 열쇠를 가지신 예수님께서는 "너희를 내게로 영접하여 나 있는 곳에 너희도 있게 하리라"고 약속하신다.

> 또 내게 말씀하시되 이루었도다 나는 알파와 오메가요 처음과 마지막이라 내가 생명수 샘물을 목마른 자에게 값없이 주리니 이기는 자는 이것들을 상속으로 받으리라 나는 그의 하나님이 되고 그는 내 아들이 되리라 그러나 두려워하는 자들과 믿지 아니하는 자들과 흉악한 자들과 살인자들과 음행하는 자들과 점술가들과 우상 숭배자들과 거짓말하는 모든 자들은 불과 유황으로 타는 못에 던져지리니 이것이 둘째 사망이라 (요한계시록 21:6-8).

하나님께서는 말씀하신다. 성령으로 자신의 내면에 있는 악한 본성을 이기고, 성경의 진리로 세상의 악함을 이긴 우리에게 천국에 있는 생명수를 주시겠다고. 우리의 하나님이 되어 주시고 우리를 자녀 삼으시겠다고.

그러나 모든 사람이 다 천국에 들어가는 것이 아니다. 두려워하는 자들, 믿지 아니하는 자들, 흉악한 자들, 살인한 자들, 음행하는 자들, 점술가들, 우상 숭배자들, 거짓말하는 모든 자는 불과 유황으로 타는 못인 지옥에 던져진다.

천국은 마치 밭에 감추인 보화와 같으니 사람이 이를 발견한 후 숨겨 두고 기뻐하며 돌아가서 자기의 소유를 다 팔아 그 밭을 사느니라 또 천국은 마치 좋은 진주를 구하는 장사와 같으니 극히 값진 진주 하나를 발견하매 가서 자기의 소유를 다 팔아 그 진주를 사느니라 또 천국은 마치 바다에 치고 각종 물고기를 모는 그물과 같으니 그물에 가득하매 물가로 끌어내고 앉아서 좋은 것은 그릇에 담고 못된 것은 내버리느니라 세상 끝에도 이러하리라 천사들이 와서 의인 중에서 악인을 갈라 내어 풀무 불에 던져 넣으리니 거기서 울며 이를 갈리라 (마태복음 13:44-50).

오늘도 그리스도인들은 전도자가 되어 사람들에게 예수님을 믿으라고 외친다. 그리고 우리와 함께 천국에 가자고 한다. 이 복음을 전하기 위해 자신의 삶을 주님께 바친 자들이 얼마나 많은지 모른다. 사람이 천국을 발견하면 이렇게 된다.

천국은 마치 밭에 감추어진 보화 같아서 사람이 발견하면 숨겨 두고 기뻐하며 돌아가서 그 소유를 다 팔아서 그 밭을 사는 것이다.

하나님께서는 오늘도 천국에 올 사람들을 모으고 계신다. 세상 끝에 천사들이 와서 의인 중에서 악인을 골라내고 풀무 불인 지옥에 넣을 것이다. 악인은 거기서 울며 이를 가는 운명에 처해진다.

> 거기에서는 구더기도 죽지 않고 불도 꺼지지 아니하느니라 사람마다 불로써 소금 치듯 함을 받으리라(마가복음 9:48-49).

지옥에서는 구더기도 죽지 않고 불도 꺼지지 않는다. 사람마다 불로 소금 치듯 함을 받는다고 한다.

> 몸은 죽여도 영혼은 능히 죽이지 못하는 자들을 두려워하지 말고 오직 몸과 영혼을 능히 지옥에 멸하실 수 있는 이를 두려워하라(마태복음 10:28).

> 하나님의 성소에 들어갈 때에야 그들의 종말을 내가 깨달았나이다 주께서 참으로 그들을 미끄러운 곳에 두시며 파멸에 던지시니 그들이 어찌하여 그리 갑자기 황폐되었는가 놀랄 정도로 그들은 전멸하였나이다(시편 73:17-19).

그러므로 예수님께서는 "몸과 영혼을 능히 지옥에 멸하실 수 있는 하나님을 두려워하라"고 말씀하셨다. 우리가 세상을 살면서 악인이 형통함을 보곤 하지만 시편 기자는 "하나님의 성소에 들어갈 때에야 세상에서 형통하던 악인들의 종말을 깨달았다"고 한다.

죽음 뒤 심판대에 섰을 때 악인에게는 하나님과의 영원한 분리, 지옥의 형벌이 기다리고 있다.

> 만일 네 오른 눈이 너로 실족하게 하거든 빼어 내버리라 네 백체 중 하나가 없어지고 온몸이 지옥에 던져지지 않는 것이 유익하며 또한 만일 네 오른손이 너로 실족하게 하거든 찍어 내버리라 네 백체 중 하나가 없어지고 온몸이 지옥에 던져지지 않는 것이 유익하니라 (마태복음 5:29-30).

천국에 들어가기 위해서 우리가 얼마나 생각과 말과 행동에 있어 죄악에서 떨어져야 하는지 예수님께서는 신체에 비유하여 "일부가 죄를 지으면 그 부분을 내버리라"고까지 말씀하신다. 지옥에 대한 무서운 경고다.

> 영생은 곧 유일하신 참 하나님과 그가 보내신 자 예수 그리스도를 아는 것이니이다 (요한복음 17:3).

우리의 죄악을 어찌해야 할지 모르는 우리는 유일하신 하나님과 그가 보내신 우리의 죄를 대속하신 분, 예수 그리스도를 믿는 믿음으로 영생의 천국에 도달할 수 있다.

> 이르시되 진실로 너희에게 이르노니 너희가 돌이켜 어린아이들과 같이 되지 아니하면 결단코 천국에 들어가지 못하리라 그러므로 누구든지 이 어린아이와 같이 자기를 낮추는 사람이 천국에서 큰 자니라(마태복음 18:3-4).

천국과 지옥에 대하여, 하나님께서 창조하신 이 모든 진리와 복음에 대하여 우리는 어린아이와 같은 믿음을 갖지 않으면 천국에 들어갈 수가 없다. 그리고 죄인인 나를 구원해 주신 주님 앞에서나 사람들 앞에서 어린아이와 같이 자기를 낮추고 겸손히 행하며 사랑으로 살아가면 천국에서 큰 자로 여김을 받게 될 것이다.

## 7

# 삶의 지침서 – 성경

모든 성경은 하나님의 감동으로 된 것으로 교훈과 책망과 바르게 함과 의로 교육하기에 유익하니 이는 하나님의 사람으로 온전하게 하며 모든 선한 일을 행할 능력을 갖추게 하려 함이라(디모데후서 3:16-17).

성경은 가장 오래된 인류 최고의 베스트셀러이다. 성경에는 어떻게 세상과 우리가 존재하게 되었는지 태초의 이야기부터 창조주이신 하나님께서 이 땅을 굽어보시고 역사를 이끌어 오신 이야기, 하나님의 독생자이신 예수님께서 세상에 오셔서 인간의 죄를 대속하시기 위해 십자가에 돌아가셨다가 부활 승천하신 이야기 등 인류에게 가장 중요한 모든 말씀이 기록되어 있다.

이 성경은 하나님의 사람들이 하나님께서 주신 성령의

감동으로 기록한 책이다. 성경은 하나님의 사람을 온전하게 하며 모든 선한 일을 행할 능력을 갖추게 한다. 그러므로 누구나 성경 말씀대로 교육받아야 한다.

성경은 예수님께서 태어나기 전의 일들을 기록한 구약(옛 언약)과 예수님 탄생 이후의 일들을 기록한 신약(새 언약)으로 나뉜다. 구약 39권과 신약 27권으로 총 66권으로 되어 있다. 구구단을 외우는 것처럼 '삼구 이십칠'로 기억하면 쉽다. 저자는 약 40명이며, 기원전 1500년경부터 기원후 96년경까지 약 1,600년에 걸쳐 기록됐다.

성경의 66권은 연대 순서대로 편성된 것이 아니라, 특성에 따라 배열되었다. 역사서, 시가서, 선지서, 복음서, 서신서 등과 같은 특성에 따라 배열되어 있다는 것이다.

먼저, 약 30명의 저자에 의해 약 1천 년간에 기록된 구약성경은 모세오경(창세기, 출애굽기, 레위기, 민수기, 신명기), 역사서 12권(여호수아, 사사기, 룻기, 사무엘상, 사무엘하, 열왕기상, 열왕기하, 역대상, 역대하, 에스라, 느헤미야, 에스더), 시가서 5권(욥기, 시편, 잠언, 전도서, 아가), 선지서 17권(이사야, 예레미야, 예레미야애가, 에스겔, 다니엘, 호세아, 요엘, 아모스, 오바댜, 요나, 미가, 나훔, 하박국, 스바냐, 학개, 스가랴, 말라기)으로 분류된다.

신약성경은 약 9명의 저자가 약 반세기에 걸쳐 기록한 것으로서, 내용은 4개로 구분된 복음서(마태복음, 마가복음, 누가복음, 요한복음), 사도행전, 서신서(로마서, 고린도전서, 고린도후서, 갈라디아서, 데살로니가전서, 데살로니가후서, 디모데전서, 디모데후서, 디도서, 에베소서, 빌립보서, 골로새서, 빌레몬서, 히브리서, 야고보서, 베드로전서, 베드로후서, 요한 1, 2, 3서, 유다서)와 예언서(요한계시록)로 되어 있다.

그리스도인은 성경을 통해 하나님을 만난다. 하나님 말씀과의 만남을 통해 그분의 존재를 느끼고 진리를 깨닫는다.

> 또 우리에게는 더 확실한 예언이 있어 어두운 데를 비추는 등불과 같으니 날이 새어 샛별이 너희 마음에 떠오르기까지 너희가 이것을 주의하는 것이 옳으니라 먼저 알 것은 성경의 모든 예언은 사사로이 풀 것이 아니니 예언은 언제든지 사람의 뜻으로 낸 것이 아니요 오직 성령의 감동하심을 받은 사람들이 하나님께 받아 말한 것임이라(베드로후서 1:19-21).

성경 말씀은 "어두운 데를 비추는 등불"과 같다. 주의하여 읽고 또 읽으면 진리를 모르고 깜깜한 우리의 생각 속에 찾아와 샛별이 떠오르듯 빛을 선사한다. 세상과 나를 지으신 하나님의 뜻이 발견되고 현재와 미래에 어떤 선택을 하며 살아야 하는지 답이 보이는 것이다.

나를 향한 하나님의 음성을 그 안에서 발견할 수 있다. 이는 성경의 말씀들이 사람의 뜻으로 낸 것이 아니라, 성령의 감동하심을 받은 사람들이 하나님께 받아 기록한 것이기 때문이다.

> 예수께서 비유로 여러 가지를 그들에게 말씀하여 이르시되 씨를 뿌리는 자가 뿌리러 나가서 뿌릴새 더러는 길가에 떨어지매 새들이 와서 먹어 버렸고 더러는 흙이 얕은 돌밭에 떨어지매 흙이 깊지 아니하므로 곧 싹이 나오나 해가 돋은 후에 타서 뿌리가 없으므로 말랐고 더러는 가시떨기 위에 떨어지매 가시가 자라서 기운을 막았고 더러는 좋은 땅에 떨어지매 어떤 것은 백 배, 어떤 것은 육십 배, 어떤 것은 삼십 배의 결실을 하였느니라 귀 있는 자는 들으라 하시니라 (마태복음 13:3-9).

예수님께서 복음을 듣고 난 뒤 사람의 유형에 대해 위와 같이 씨를 땅에 뿌린 자의 비유의 말씀을 하시고 아래와 같이 풀이해 주셨다.

아무나 천국 말씀을 듣고 깨닫지 못할 때는 악한 자가 와서 그 마음에 뿌려진 것을 빼앗나니 이는 곧 길가에 뿌려진 자요 돌밭에 뿌려졌다는 것은 말씀을 듣고 즉시 기쁨으로 받되 그 속에 뿌리가 없어 잠시 견디다가 말씀으로 말미암아 환난이나 박해가 일어날 때에는 곧 넘어지는 자요 가시떨기에 뿌려졌다는 것은 말씀을 들으나 세상의 염려와 재물의 유혹에 말씀이 막혀 결실하지 못하는 자요 좋은 땅에 뿌려졌다는 것은 말씀을 듣고 깨닫는 자니 결실하여 어떤 것은 백 배, 어떤 것은 육십 배, 어떤 것은 삼십 배가 되느니라 하시더라 (마태복음 13:19-23).

성경 말씀을 접하고, 예수님의 십자가 복음의 이야기를 들은 사람들의 반응은 제각각이다. 씨를 뿌리는 자의 마음은 모두 좋은 땅에 뿌려져 백배, 육십 배, 삼십 배 결실하길 바라지만, 악한 자들의 횡포와 환난과 박해와 세상 염려와 재물의 유혹은 사람을 하나님의 말씀에서 멀어지게 만든다.

청년이 무엇으로 그 행실을 깨끗케 하리이까 주의 말씀을 따라 삼갈 것이니이다 내가 주께 범죄치 아니하려 하여 주의 말씀을 내 마음에 두었나이다 (시편 119:9, 11).

하지만, 우리가 무엇으로 그 행실을 깨끗케 할까?

오직 하나님의 말씀, 성경 말씀을 마음에 두고 주님께 범죄하지 않으려 애쓰고 주님의 말씀을 따라 살아가는 길이 우리 앞에 있을 뿐이다.

> 예수께서 대답하여 가라사대 기록되었으되 사람이 떡으로만 살 것이 아니요 하나님의 입으로 나오는 모든 말씀으로 살 것이라 하였느니라 하시니 (마태복음 4:4).

예수님께서는 사람에게 먹고 마시며 양식을 위해서만 애쓰는 삶이 아니라, 하나님의 말씀으로 삶을 살으라고 하셨다. 그리스도인은 떡을 중심으로 하는 선택을 해야 하는지, 말씀을 중심으로 하는 선택을 해야 하는지, 그 선택의 기로에 서게 될 때가 많다.

내가 세상에서 잘 먹고 잘 살기 위한 선택을 할 것인가?

하나님 말씀의 다림줄에 비추어 옳은 선택을 할 것인가?

우리가 선택을 할 때마다 성경을 붙잡고 그 안의 하나님 말씀 속에서 답을 얻는다면, 우리는 하나님께서 기뻐하시는 삶, 성령의 9가지 열매를 맺는 삶을 살 수 있다.

성경 말씀을 통해 세상이 이길 수 없는 믿음을 지니고

하나님의 말씀을 선택했던 많은 그리스도인을 만나며 세상을 살아갈 힘과 위로를 얻을 수 있다. 참으로 진리 속에 자유함과 기쁨을 누릴 수 있다.

> 내가 이 두루마리의 예언의 말씀을 듣는 모든 사람에게 증언하노니 만일 누구든지 이것들 외에 더하면 하나님이 이 두루마리에 기록된 재앙들을 그에게 더하실 것이요 만일 누구든지 이 두루마리의 예언의 말씀에서 제하여 버리면 하나님이 이 두루마리에 기록된 생명나무와 및 거룩한 성에 참여함을 제하여 버리시리라 (요한계시록 22:18-19).

요한 사도는 성경 말씀을 접하는 모든 자에게 증거한다. "누구든지 성경의 말씀에 다른 것을 더하면 하나님께서 그에게 성경에 기록된 재앙들을 더하실 것이며, 성경의 말씀에서 제하여 버리면 천국에 참예함을 제하여 버리실 것"이라고.

우리는 역사적으로도 그렇고 이 시대에도 그렇고 많은 이단을 만나게 된다. 성경을 믿는다고 하며 설교하면서도 자기 스스로를 신격화하는 교주를 중심으로 하는 종교이거나 성경이 이야기하는 삼위일체 하나님을 부정하거나 성경의 뜻을 거스르는 경우이다.

이단의 문제는 사회적으로도 큰 물의를 일으켜 뉴스나 다큐멘터리를 통해 그 폐해가 드러나기도 한다. 그러니 스스로 성경 말씀을 잘 읽어 말씀 속에 존재하는 진리를 깨닫고 좋은 교회공동체 속에서 신앙생활을 해야 한다.

기독교 내에 여러 다양한 교단이 있지만, 기독교로 공인된 교단에 수많은 교회가 있으므로 하나님께 이끄심을 구하는 기도를 드리며 예배로 나아가야 한다.

하나님께서는 살아 계신 분이시다. 오랜 역사를 이끌어 오시며 모든 인생을 지으시고 그들의 운명을 만들어 오신 하나님과 하나님을 사랑했던 사람들의 이야기가 오롯이 성경에 담겨있다. 이 성경의 이야기는 바로 오늘을 살아가는 나의 이야기이기도 하다.

나의 역사를 하나님 뜻대로 이끌어 주시길 바라며, 오늘 나의 탄생과 죽음을 아시고 나의 삶과 나의 모든 것을 아시는 주님의 말씀과 마주해 보는 것은 어떨까?

## 8

# 진리란 무엇인가

그러므로 예수께서 자기를 믿은 유대인들에게 이르시되 너희가 내 말에 거하면 참으로 내 제자가 되고 진리를 알지니 진리가 너희를 자유롭게 하리라 (요한복음 8:31-32).

예수님께서는 우리에게 "진리를 알라", "진리가 우리를 자유롭게 할 것"이라고 말씀하셨다.

그렇다면 진리가 무엇인가?

성경이 말하는 진리에 대해 알아보자.

내가 나의 영을 주의 손에 부탁하나이다 진리의 하나님 여호와여 나를 속량하셨나이다 (시편 31:5).

성경에 따르면, 성부이신 만군의 여호와 하나님께서 진리이시다.

> 예수께서 이르시되 내가 곧 길이요 진리요 생명이니 나로 말미암지 않고는 아버지께로 올 자가 없느니라 (요한복음 14:6).

성자이신 구세주 예수님이 진리이시다.

> 이는 물과 피로 임하신 이시니 곧 예수 그리스도시라 물로만 아니요 물과 피로 임하셨고 증거하는 이는 성령이시니 성령은 진리니라 (요한일서 5:6).

보혜사 성령님이 진리이시다.

> 그들을 진리로 거룩하게 하옵소서 아버지의 말씀은 진리니이다 (요한복음 17:17).

하나님 아버지의 말씀이 진리이다. 진리는 우리를 거룩하게 한다.

주의 말씀의 강령은 진리이오니 주의 의로운 모든 규례들은 영원하리이다(시편 119:160).

하나님 말씀의 강령이 진리이다.

여호와여 주께서 가까이 계시오니 주의 모든 계명들은 진리니이다(시편 119:151).

하나님의 모든 계명이 진리이다.

전도자는 힘써 아름다운 말들을 구하였나니 진리의 말씀들을 정직하게 기록하였느니라(전도서 12:10).

전도자가 기록한 것, 하나님의 말씀을 기록한 것이 진리이다.

율법은 모세로 말미암아 주어진 것이요 은혜와 진리는 예수 그리스도로 말미암아 온 것이라(요한복음 1:17).

율법은 구약 시대의 모세로 말미암아 주어졌고, 은혜와 진리는 예수님으로 말미암아 우리에게 왔다.

> 말씀이 육신이 되어 우리 가운데 거하시매 우리가 그의 영광을 보니 아버지의 독생자의 영광이요 은혜와 진리가 충만하더라(요한복음 1:14).

말씀이 육신이 되신 분, 예수님께서 세상에 오사 우리를 위해 십자가를 지셨고, 우리가 그분의 "영광을 보니 하나님의 독생자의 영광이고, 은혜와 진리가 충만"했다.

> 하나님은 모든 사람이 구원을 받으며 진리를 아는 데에 이르기를 원하시느니라(디모데전서 2:4).

하나님께서는 우리 모두가 "진리를 아는 데 이르기"를 원하신다.

> 하나님을 따라 의와 진리의 거룩함으로 지으심을 받은 새사람을 입으라(에베소서 4:24).

성경은 우리에게 "하나님을 따라 의와 진리의 거룩함으로 새사람이 되라"고 한다.

> 너희는 너희 아비 마귀에게서 났으니 너희 아비의 욕심대로 너희도 행하고자 하느니라 그는 처음부터 살인한 자요 진리가 그 속에 없으므로 진리에 서지 못하고 거짓을 말할 때마다 제 것으로 말하나니 이는 그가 거짓말쟁이요 거짓의 아비가 되었음이라 (요한복음 8:44).

사탄과 마귀들은 "처음부터 살인한 자요, 진리가 그 속에 없는 거짓말쟁이요, 거짓의 아비"로서 사람들을 사주하고 그들의 욕심대로 행하게 만든다.

> 내가 너희에게 쓰는 것은 너희가 진리를 알지 못하기 때문이 아니라 알기 때문이요 또 모든 거짓은 진리에서 나지 않기 때문이라 (요한일서 2:21).

모든 거짓은 진리에서 나지 않는다.

하나님의 진노가 불의로 진리를 막는 사람들의 모든 경건하지 않음과 불의에 대하여 하늘로부터 나타나나니(로마서 1:18).

이 세상에는 온갖 범죄가 일어난다.

그런데 왜 안 망하고 있는가?

하나님께서 죄악을 참으시기 때문인가?

아니다. 성경은 분명 하나님의 진노가 불의로 진리를 막는 사람들에게 하늘로부터 나타난다고 한다.

> 너희는 예루살렘 거리로 빨리 다니며 그 넓은 거리에서 찾아보고 알라 너희가 만일 정의를 행하며 진리를 구하는 자를 한 사람이라도 찾으면 내가 이 성읍을 용서하리라(예레미야 5:1).

그런데도 이 세상이 멸망하지 않고 이렇게 존재하는 것은 분명 이 땅 가운데 살아가는 누군가가 정의를 행하고 진리를 구하는 자이기 때문이다.

하나님께서는 그런 사람이 한 사람만 있어도 그 땅을 용서하신다고 하셨다. 그런 사람이 없으면 성경에 나온 소돔과 고모라처럼 심판을 받아 사라지게 될 것이 분명하다.

이 시대에 그런 사람이 존재하기에 이렇게 세상이 멸

망하지 않고 사람들이 살아가고 있다는 것을 깨닫고 나도 그런 사람이길 기도하며 살아가면 어떨까?

> 여호와여 나를 반기시는 때에 내가 주께 기도하오니 하나님이여 많은 인자와 구원의 진리로 내게 응답하소서 (시편 69:13).

> 진리의 말씀이 내 입에서 조금도 떠나지 말게 하소서 내가 주의 규례를 바랐음이니이다 (시편 119:43).

하나님께서 인자하심과 구원의 진리로 내게 응답하시길, 진리의 말씀이 내 입에서 조금도 떠나지 말게 하시길 간구했던 그 옛날 시편 기자의 기도는 바로 오늘을 살아가는 우리의 기도일 것이다.

# 9

# 살아 계신 하나님의 음성 듣기

내 양은 내 음성을 들으며 나는 그들을 알며 그들은 나를 따르느니라 (요한복음 10:27).

예수님께서는 말씀하셨다. "내 양은 내 음성을 듣는다"고. 하나님께서는 우리와 대화하고 소통하며 살기를 원하신다. 그러므로 우리는 살아 계시는 주님의 음성을 듣고 살아야 한다.

성경에 기록된 수많은 사람의 이야기를 통해 우리는 하나님께서 말씀하시는 분임을 깨달을 수 있다. 역사 내내 그래 오셨다. 너무나 많은 예가 있지만 구약 시대 때 살았던 사무엘과 다윗의 이야기를 통해 하나님과의 대화라는 것이 어떤 식으로 이루어지는지, 그리고 그것은 삶에 어떤 영향을 주는지 살펴보자.

사무엘은 한나라는 여인이 하나님께 아이를 주시면 주님께 드리겠다고 서원한 뒤 얻은 아들로, 어렸을 적부터 엘리 제사장에게 보내졌다. 그렇게 사무엘은 어려서부터 세마포 에봇을 입고 여호와 하나님을 섬겼다.

여호와께서 사무엘을 부르시는지라 그가 대답하되 내가 여기 있나이다 하고 엘리에게로 달려가서 이르되 당신이 나를 부르셨기로 내가 여기 있나이다 하니 그가 이르되 나는 부르지 아니하였으니 다시 누우라 하는지라 그가 가서 누웠더니 여호와께서 다시 사무엘을 부르시는지라 사무엘이 일어나 엘리에게로 가서 이르되 당신이 나를 부르셨기로 내가 여기 있나이다 하니 그가 대답하되 내 아들아 내가 부르지 아니하였으니 다시 누우라 하니라 사무엘이 아직 여호와를 알지 못하고 여호와의 말씀도 아직 그에게 나타나지 아니한 때라 여호와께서 세 번째 사무엘을 부르시는지라 그가 일어나 엘리에게로 가서 이르되 당신이 나를 부르셨기로 내가 여기 있나이다 하니 엘리가 여호와께서 이 아이를 부르신 줄을 깨닫고 엘리가 사무엘에게 이르되 가서 누웠다가 그가 너를 부르시거든 네가 말하기를 여호와여 말씀하옵소서 주의 종이 듣겠나이다 하라 하니 이에 사무엘이 가서 자기 처소에 누우니라 여호와께서 임하여 서서 전과 같이 사무엘아 사무엘아 부르시는지라 사무엘이 이르되 말씀하옵소서 주의 종이 듣겠나이다 하니 여호와께서 사무엘에게 이르시되 보라 내가 이스라엘 중에 한 일을 행하리니 그것을 듣는 자마다 두 귀가 울리리라 내가 엘리의 집에 대하여 말한 것을 처음부터 끝까지 그 날에 그에게 다 이루리라 내가 그의 집을 영원토록 심판하겠다고 그에게 말한 것은 그가 아는 죄악 때문이니 이는 그가 자기의 아들들이 저주를 자청하되 금하지 아니하였음이니라 그러므로 내가 엘리의 집에 대하여 맹세하기를 엘리 집의 죄악은 제물로나 예물로나 영원히 속죄함을 받지 못하리라 하였노라 하셨더라(사무엘상 3:4-14).

하나님께서는 당시 제사장과 함께 성막에 살면서 심부름을 하던 어린 사무엘에게 "사무엘아" 하고 이름을 부르시고 친히 말씀하신다. 사무엘은 이런 일이 처음이라 하나님의 음성을 듣고도 하나님의 음성인지 알 수 없었다.

엘리 제사장의 말을 듣고 나서야 하나님의 부르심에 "말씀하소서. 주의 종이 듣겠나이다" 하며 대답했는데, 하나님께서는 실로 놀라운 말씀을 하신다.

엘리의 아들들이 죄악을 저질러 저주를 자청하는데 엘리가 금하지 아니하였으므로 엘리의 집을 심판하겠다고 이야기하시는 것이다. 당대 제사장 가문을 어떻게 생각하시며 어떻게 그들에게 행하실지를 어린 종에게 말씀하신 것이다.

이렇게 처음 하나님의 음성을 들었던 사무엘은 점점 자라며 여호와 하나님과 사람들에게 은총을 더욱 받았고, 살면서 "기도를 쉬는 죄를 결단코 범하지 않겠다"(사무엘상 12:23)고 이야기하는 위대한 사사로서의 삶을 살게 되었다.

하나님께서는 하나님을 진심으로 섬기는 사람에게 친히 찾아오셔서 부르시고 하나님의 마음을 전하시고 하고자 하시는 일을 알리신다. 남녀노소 가리지 않으신다.

> 다윗이 여호와께 여쭈어 이르되 내가 블레셋 사람에게로 올라가리이까 여호와께서 그들을 내 손에 넘기시겠나이까 하니 여호와께서 다윗에게 말씀하시되 올라가라 내가 반드시 블레셋 사람을 네 손에 넘기리라 하신지라 다윗이 바알브라심에 이르러 거기서 그들을 치고 다윗이 말하되 여호와께서 물을 흩음같이 내 앞에서 내 대적을 흩으셨다 하므로 그곳 이름을 바알브라심이라 부르니라 거기서 블레셋 사람들이 그들의 우상을 버렸으므로 다윗과 그의 부하들이 치우니라 블레셋 사람들이 다시

올라와서 르바임 골짜기에 가득한지라 다윗이 여호와께 여쭈니 이르시되 올라가지 말고 그들 뒤로 돌아서 뽕나무 수풀 맞은편에서 그들을 기습하되 뽕나무 꼭대기에서 걸음 걷는 소리가 들리거든 곧 공격하라 그때에 여호와가 너보다 앞서 나아가서 블레셋 군대를 치리라 하신지라 이에 다윗이 여호와의 명령대로 행하여 블레셋 사람을 쳐서 게바에서 게셀까지 이르니라(사무엘하 5:19-25).

우리가 아는 골리앗과 싸워 이긴 다윗은 훗날 이스라엘의 왕이 되고 일생을 살면서 늘 전쟁 때마다 이기는 승리의 용사였다.

그 비결은 무엇일까?

그것은 바로 늘 여호와 하나님께 여쭤보는 것이었다.

"하나님. 이 싸움을 할까요, 말까요?"

여쭤보고 하라고 하시면 어떻게 싸워야 하는지 하나님께 듣고 나가서 싸웠다. 명령대로 행하여 이긴 것이다. 이러한 다윗의 자세는 비단 전쟁에 나갈 때 뿐만 아니라 늘 하나님을 사랑하고 하나님과 함께하였던 그의 삶에 녹아져 있고, 그가 얼마나 하나님을 사랑하며 주님을 찬양했는지는 시편에 남겨진 그의 많은 시를 통해 알 수 있다.

그는 우리에게 세상에 나가 늘 승리하며 살 수 있는 비결은 바로 하나님께 묻고 듣고 나아가는 것임을 바로 알려 준다.

인생에서 큰 결정을 할 때 부모님이나 어른들에게 묻고 행하는가?

그렇다면 나를 창조하신 하나님을 내 인생의 결정권자로 초대해 봄은 어떠한가?

선하고 전지전능하신 사랑의 아버지께서는 하나님의 뜻을 구하고 기다리는 우리에게 기쁨으로 찾아오실 것이 분명하다.

> 구하라 그리하면 너희에게 주실 것이요 찾으라 그리하면 찾아낼 것이요 문을 두드리라 그리하면 너희에게 열릴 것이니 구하는 이마다 받을 것이요 찾는 이는 찾아낼 것이요 두드리는 이에게는 열릴 것이니라 너희 중에 누가 아들이 떡을 달라 하는데 돌을 주며 생선을 달라 하는데 뱀을 줄 사람이 있겠느냐 너희가 악한 자라도 좋은 것으로 자식에게 줄 줄 알거든 하물며 하늘에 계신 너희 아버지께서 구하는 자에게 좋은 것으로 주시지 않겠느냐(마태복음 7:7-11).

너희가 악할지라도 좋은 것을 자식에게 줄 줄 알거든 하물며 너

> 희 하늘 아버지께서 구하는 자에게 성령을 주시지 않겠느냐 하시니라 (누가복음 11:13).

성령을 주시겠다는 것은 무슨 뜻인가?

바로 내 안에 성령께서 계시도록 하겠다는 것이다. 성령은 내 안에 내주해 계시면서 하나님의 뜻을 알려 주는 분이시다. 우리에게 모든 것을 가르치고 예수님께서 우리에게 말씀하신 모든 것을 생각하게 하는 분이시다.

우리를 모든 진리 가운데로 인도하시며 스스로 말하지 않고 하나님께 들은 것을 우리에게 말씀하시며 장래 일을 우리에게 알려 주는 분이시다. 우리를 위해 친히 기도하는 분이시다. 그러므로 그리스도인들은 반드시 성령의 음성을 듣고 살아야 한다.

하나님께서 이미 사람이 하나님께로 올 수 있는 길, 진리, 생명이신 예수님을 우리에게 보내 주셨고 예수님의 승천 이후에는 성령을 보내 주사 하나님과의 소통 창구를 완전히 열어 놓으셨다. 하나님께서는 우리를 사랑하시며 오늘도 하나님 아버지께로 우리를 부르신다.

오늘 내 안에 계신 하나님께 나에게 말씀해 주시길 간구해 보자. 살아 계신 하나님께서 반드시 응답하신다.

# 10

# 하나님과의 소통 - 기도

너희는 내게 부르짖으며 내게 와서 기도하면 내가 너희들의 기도를 들을 것이요 (예레미야 29:12).

기도는 하나님께 드리는 나의 메시지다. 누구나 하나님과 소통할 수 있도록 하나님께서는 우리에게 기도라는 방법을 허락하셨다.

아픈 사람도, 몸이 불편한 사람도, 어린이도, 약한 사람도 기도를 통해 하나님께 나의 의견을 고할 수 있다. 기도를 통해 우리는 하나님께 심정을 토로하고, 죄를 회개하고, 필요한 것을 간구하고, 신앙을 고백하고, 다른 사람을 돕기도 한다.

> 여호와께서는 자기에게 간구하는 모든 자 곧 진실하게 간구하는 모든 자에게 가까이하시는도다 (시편 145:18).

> 일을 행하는 여호와, 그것을 만들며 성취하시는 여호와, 그의 이름을 여호와라 하는 이가 이와 같이 이르시도다 너는 내게 부르짖으라 내가 네게 응답하겠고 네가 알지 못하는 크고 은밀한 일을 네게 보이리라 (예레미야 33:2-3).

여호와 하나님께서는 "진실하게 간구하는 모든 자를 가까이하신다"고 하셨다. "부르짖으면 응답하시고 크고 비밀한 일을 보이겠다"고 약속하신 하나님께 오늘도 우리는 기도로 나아가야 한다.

> 아무것도 염려하지 말고 다만 모든 일에 기도와 간구로, 너희 구할 것을 감사함으로 하나님께 아뢰라 그리하면 모든 지각에 뛰어난 하나님의 평강이 그리스도 예수 안에서 너희 마음과 생각을 지키시리라 (빌립보서 4:6-7).

> 내가 진실로 너희에게 이르노니 누구든지 이 산더러 들리어 바다에 던져지라 하며 그 말하는 것이 이루어질 줄 믿고 마음에 의

심하지 아니하면 그대로 되리라 그러므로 내가 너희에게 말하노
니 무엇이든지 기도하고 구하는 것은 받은 줄로 믿으라 그리하
면 너희에게 그대로 되리라(마가복음 11:23-24).

우리는 아무것도 염려하지 말고 모든 일에 감사함으로 하나님께 기도하면 된다. 그러면 하나님의 평강이 예수님 안에서 우리의 마음과 생각을 지키실 것이다. 참으로 우리의 간구가 이루어질 것이다.

서서 기도할 때에 아무에게나 혐의가 있거든 용서하라 그리하여
야 하늘에 계신 너희 아버지께서도 너희 허물을 사하여 주시리
라 하시니라(마가복음 11:25).

내 이름으로 일컫는 내 백성이 그들의 악한 길에서 떠나 스스로
낮추고 기도하여 내 얼굴을 찾으면 내가 하늘에서 듣고 그들의
죄를 사하고 그들의 땅을 고칠지라(역대하 7:14).

성경은 우리에게 회개 기도를 하기 전에 다른 사람을 먼저 용서하라고 한다. 다른 사람을 용서하고 주님 앞에 회개해야 허물을 사해 주신다는 것이다.

내 잘못을 뉘우치고 그 악한 길에서 떠나 겸손히 주님께 나아가 기도하며 하나님을 찾으면, 하나님께서 죄를 사해 주시고 우리의 지경을 고쳐 주신다고 약속하셨다.

잘못에 대한 회개 없이 기도하고 간구하면 들어주지 않으신다.

> 여호와는 악인을 멀리하시고 의인의 기도를 들으시느니라(잠언 15:29).

하나님께서는 악한 사람을 멀리하시고 의로운 사람의 기도를 들으신다.

나는 하나님께 악인인가, 의인인가?

> 또 기도할 때에 이방인과 같이 중언부언하지 말라 그들은 말을 많이 하여야 들으실 줄 생각하느니라 그러므로 그들을 본받지 말라 구하기 전에 너희에게 있어야 할 것을 하나님 너희 아버지께서 아시느니라(마태복음 6:7-8).

기도할 때 어떻게 해야 하는가?

예수님께서는 외식하는 바리새인들처럼 사람들이 다

보는 곳에서 기도하며 자기 의를 드러내는 것보다 자신의 골방에 들어가 문을 닫고 은밀한 중에 계신 하나님께 기도하라고 하셨다. 그리고 같은 말을 반복하며 중언부언하지 말라고 하셨다.

> 진실로 다시 너희에게 이르노니 너희 중의 두 사람이 땅에서 합심하여 무엇이든지 구하면 하늘에 계신 내 아버지께서 그들을 위하여 이루게 하시리라 두세 사람이 내 이름으로 모인 곳에는 나도 그들 중에 있느니라 (마태복음 18:19-20).

두 사람이 합심하여 하나님께 구하면 하나님께서 이루게 해 주신다고 하셨다. 두세 사람이 예수님의 이름으로 모인 곳에 예수님도 그들 중에 함께 계신다.

> 그러므로 너희 죄를 서로 고백하며 병이 낫기를 위하여 서로 기도하라 의인의 간구는 역사하는 힘이 큼이니라 (야고보서 5:16).

성경은 우리에게 죄를 하나님께 고백하고 또 사람에게 서로 고백하라고 한다. 또한, 병 낫기를 위하여 서로 기도해야 한다. 하나님께서 사랑하는 "의인의 간구는 역사하는 힘"이 크다.

> 그러므로 너희는 이렇게 기도하라 하늘에 계신 우리 아버지여 이름이 거룩히 여김을 받으시오며 나라가 임하시오며 뜻이 하늘에서 이루어진 것 같이 땅에서도 이루어지이다 오늘 우리에게 일용할 양식을 주시옵고 우리가 우리에게 죄 지은 자를 사하여 준 것 같이 우리 죄를 사하여 주시옵고 우리를 시험에 들게 하지 마시옵고 다만 악에서 구하시옵소서(나라와 권세와 영광이 아버지께 영원히 있사옵나이다 아멘)(마태복음 6:9-13).

이는 우리가 어떤 기도를 하나님께 드려야 하는지 예수님께서 가르쳐 주신 기도, 즉 '주기도문'이다. 그러므로 교회는 가장 모범적인 이 기도를 예배 때마다 하나님께 올려드린다.

> 예수께서 이 말씀을 하시고 눈을 들어 하늘을 우러러 이르시되 아버지여 때가 이르렀사오니 아들을 영화롭게 하사 아들로 아버지를 영화롭게 하게 하옵소서 아버지께서 아들에게 주신 모든 사람에게 영생을 주게 하시려고 만민을 다스리는 권세를 아들에게 주셨음이로소이다 영생은 곧 유일하신 참 하나님과 그가 보

내신 자 예수 그리스도를 아는 것이니이다 아버지께서 내게 하라고 주신 일을 내가 이루어 아버지를 이 세상에서 영화롭게 하였사오니 아버지여 창세전에 내가 아버지와 함께 가졌던 영화로써 지금도 아버지와 함께 나를 영화롭게 하옵소서(요한복음 17:1-5).

요한복음 17장은 '예수님의 기도장'이다. 예수님께서 스스로를 위한 기도를 하신 내용이 1절부터 5절까지이고, 이후 6절부터 26절까지는 사람들을 진리로 거룩하게 하기 위한 예수님의 중보 기도이다.

예수님께서는 창세전부터 하나님과 함께 계시다가 사람들을 구원하기 위해 이 땅에 내려오시는 계획을 여호와 하나님과 나누셨을 것이다.

악한 본성이 있는 사람을 구원하여 영원한 하나님의 나라에 들어오게 하고 영원히 함께 살며 그들의 영원한 왕으로 예수님을 세우려고 하신 하나님의 큰 계획과 비밀 속에는 예수님께서 감당해야 할 큰 고난이 숨겨져 있었다.

이 계획을 받아들이고 인간의 몸으로 오시기까지 예수님께서는 얼마나 큰 고뇌의 시간을 가지셨을까?

그리고 이제 그 계획의 가장 핵심인 십자가에서의 죽

음과 부활을 앞둔 예수님께서는 아들로 하나님 아버지를 영화롭게 하시기를, 아버지와 함께 예수님을 영화롭게 하시기를 기도하신다.

수치와 능욕의 길을 걸어가야 할 예수님께서 기억하시는 창세전부터 하나님과 함께 가지셨던 영화이다. 그리스도인의 앞날에 약속된 것은 찬란한 영화 가운데 계시는 우리 주님 곁에 영원히 함께 살면서 이 선하신 신을 닮아가는 삶일 것이다.

> 집에 들어가시매 제자들이 조용히 묻자오되 우리는 어찌하여 능히 그 귀신을 쫓아내지 못하였나이까 이르시되 기도 외에 다른 것으로는 이런 종류가 나갈 수 없느니라 하시니라(마가복음 9:28-29).

성경은 우리에게 그 옛날부터 사탄과 마귀와 귀신이 존재했음을 이야기한다. 예수님께서는 귀신 들린 사람에게서 귀신을 쫓아내 주셨는데, 이러한 일이 가능한 것은 오직 기도뿐이라고 분명히 말씀해 주신다. 우리가 악한 영들과 대치하고 영적 전쟁을 치를 때 우리의 무기는 기도이다.

구하여도 받지 못함은 정욕으로 쓰려고 잘못 구하기 때문이라 (야고보서 4:3).

스스로의 정욕을 채우려고 드리는 기도는 잘못 구하는 것으로서 구하여도 받지 못한다고 성경은 말한다.

> 어떤 사람에게는 성령으로 말미암아 지혜의 말씀을, 어떤 사람에게는 같은 성령을 따라 지식의 말씀을, 다른 사람에게는 같은 성령으로 믿음을, 어떤 사람에게는 한 성령으로 병 고치는 은사를, 어떤 사람에게는 능력 행함을, 어떤 사람에게는 예언함을, 어떤 사람에게는 영들 분별함을, 다른 사람에게는 각종 방언 말함을, 어떤 사람에게는 방언들 통역함을 주시나니 (고린도전서 12:8-10).

우리가 방언의 은사를 받고 방언 기도를 할 경우 자기 스스로 어떤 기도를 하는지 모르는 경우가 있다. 이럴 때는 내가 기도해야 할 바를 아는 성령께서 친히 기도하신다는 것을 믿고 몰라도 기도하면 된다.

방언 기도를 하면 좋은 점 중의 하나는 오래 기도하는 것이 쉽다는 것이다. 방언의 은사를 받았다면 이번엔 하나님께 방언 통역의 은사를 구해 보자.

통역의 은사를 받으면 방언으로 기도할 때 자신이 어떤 기도를 하고 있는지 뜻을 알게 되며 다른 사람의 방언을 통역해 줄 수도 있다.

> 사람이 마음으로 믿어 의에 이르고 입으로 시인하여 구원에 이르느니라(로마서 10:10).

이제부터 예수님을 믿고자 한다면 아래와 같이 하나님께 영접 기도를 드려 보자.

> 창조주이신 하나님!
> 이제부터 저는 예수님을 믿고 구원받아 하나님의 자녀가 되고 싶습니다.
> 예수님을 저의 주님으로 고백하오니 저를 받아 주소서.
> 예수님의 이름으로 기도드립니다. 아멘.

# 11

## 묵상하기

복 있는 사람은 악인들의 꾀를 따르지 아니하며 죄인들의 길에 서지 아니하며 오만한 자들의 자리에 앉지 아니하고 오직 여호와의 율법을 즐거워하여 그의 율법을 주야로 묵상하는도다 그는 시냇가에 심은 나무가 철을 따라 열매를 맺으며 그 잎사귀가 마르지 아니함 같으니 그가 하는 모든 일이 다 형통하리로다(시편 1:1-3).

이 율법책을 네 입에서 떠나지 말게 하며 주야로 그것을 묵상하여 그 안에 기록된 대로 다 지켜 행하라 그리하면 네 길이 평탄하게 될 것이며 네가 형통하리라(여호수아 1:8).

"복 있는 사람은 오직 여호와 하나님의 율법을 즐거워하여 주야로 묵상하는 자"다. 주님께서 주신 말씀과 계명을 사랑하고 그 말씀을 주야로 묵상하는 자는 하는 모든 일이 다 형통하리라고 성경은 말한다.

시냇가에 심은 나무는 생명에 직결되는 물을 수시로 먹을 수 있는 나무다. 그렇기에 철을 따라 열매를 맺고 그 잎사귀가 마르지 않는다.

말씀을 수시로 묵상하는 자는 바로 이 시냇가에 심은 나무처럼 삶의 형통에 직결되는 하나님의 말씀을 수시로 접하는 자로서 그 말씀들을 다 지켜 행하면 때를 따라 삶의 아름다운 열매를 맺는다.

삶이 늘 형통하는 비결을 궁금해하는 사람들에게 해줄 답이 바로 여기 있다.

> 또 이르시되 나는 네 조상의 하나님이니 아브라함의 하나님, 이삭의 하나님, 야곱의 하나님이니라 모세가 하나님 뵈옵기를 두려워하여 얼굴을 가리매(출애굽기 3:6).

> 이삭이 저물 때에 들에 나가 묵상하다가 눈을 들어 보매 낙타들이 오는지라(창세기 24:63).

하나님께서는 모세에게 스스로를 소개하실 때 "네 조상의 하나님, 아브라함의 하나님, 이삭의 하나님, 야곱의 하나님"이라고 말씀하셨다.

성경에 나오는 이삭의 삶을 보면 그가 온유하고 신실한 성품의 사람이었다는 것을 알 수 있고, 늘 들에 나가 묵상하는 자였음이 기록되어 있다. 그런 그에게 하나님께서는 사랑하는 아내를 얻고 부를 갖게 되는 과정 등 많은 삶의 여정 속에서 형통하게 하신다.

묵상하는 삶을 살았던 그의 삶이 끝나고 많은 세월이 흐른 후에도 하나님께서는 "나는 이삭의 하나님"이라고 스스로를 지칭하신다.

우리도 하나님께서 이렇게 '(내 이름)의 하나님'이라고 소개하시고 싶은 묵상하는 자가 되어 하나님을 기쁘시게 해 드리면 어떨까?

> 나의 반석이시요 나의 구속자이신 여호와여 내 입의 말과 마음의 묵상이 주님 앞에 열납되기를 원하나이다(시편 19:14).

시편 기자는 여호와 하나님께서 자신의 말과 마음의 묵상을 알아주고 들어 주시길 간구했다. 우리도 그와 같은 마음으로 하나님 앞에 나아가자.

# 12

## 전도하기

> 그런즉 저희가 믿지 아니하는 이를 어찌 부르리요 듣지도 못한 이를 어찌 믿으리요 전파하는 자가 없이 어찌 들으리요 보내심을 받지 아니하였으면 어찌 전파하리요 기록된 바 아름답도다 좋은 소식을 전하는 자들의 발이여 함과 같으니라(로마서 10:14-15).

하나님을 믿지 않는 사람들이 하나님을 어떻게 믿게 될까?
듣지도 못한 존재를 어찌 믿게 될까?
전하여 알려 주는 자가 없다면 어떻게 믿게 될까?

분명 하나님께서 먼저 믿지 않는 자를 찾아가 만나 주셔야 한다. 세상에 사람이 몇 명 없었을 때 우리 믿음의 조상들에게는 하나님께서 직접 찾아가 스스로 하나님이심을 나타내 보이셨다. 그리고 선지자를 보내 주셨다. 우리 예수님께서 탄생하시고 사람으로서 생애를 사시다가 십자가에서 죽으시고 부활·승천하신 이후로 복음은 예수님의 제자들과 보내심을 받은 자들에 의해 온 세상 사람에게 전파되기 시작되었다.

성경은 복음을 전하는 전도자들의 삶이 아름답다고 기록한다.

> 좋은 소식을 전하며 평화를 공포하며 복된 좋은 소식을 가져오며 구원을 공포하며 시온을 향하여 이르기를 네 하나님이 통치하신다 하는 자의 산을 넘는 발이 어찌 그리 아름다운가(이사야 52:7).

> 날이 밝으매 예수께서 나오사 한적한 곳에 가시니 무리가 찾다가 만나서 자기들에게서 떠나시지 못하게 만류하려 하매 예수께서 이르시되 내가 다른 동네들에서도 하나님의 나라 복음을 전하여야 하리니 나는 이 일을 위해 보내심을 받았노라 하시고 갈릴리 여러 회당에서 전도하시더라(누가복음 4:42-44).

예수님께서는 서른 살부터 3년 동안 공생애를 사시고 십자가에서 돌아가셨다. 많은 사람의 병을 고치시고 먹이시고 이적을 행하셨으며 무엇보다 하나님 나라의 복음을 전하는 일을 쉬지 않으셨다. 예수님을 따르는 우리는 그분의 삶의 길을 따라야 하는데, 그중 전도는 우리가 반드시 해야 할 일이다.

> 너희는 온 천하에 다니며 만민에게 복음을 전파하라 믿고 세례를 받는 사람은 구원을 얻을 것이요 믿지 않는 사람은 정죄를 받으리라 (마가복음 16:15-16).

예수께서는 죽으시고 부활하신 뒤 제자들에게 나타나시어 말씀하셨다. "온 천하에 다니며 만민에게 복음을 전파하라"고. 이것이 예수님을 따르는 모든 그리스도인에게 주어진 지상에서의 사명이다.

믿고 세례를 받는 사람은 구원을 얻을 것이고 믿지 않는 사람은 정죄를 받을 것이다.

> 오직 성령이 너희에게 임하시면 너희가 권능을 받고 예루살렘과 온 유대와 사마리아와 땅끝까지 이르러 내 증인이 되리라 하시니라 (사도행전 1:8).

성령이 우리에게 임하시면 우리가 권능을 받고 온 세상

에서 예수님의 증인이 될 것이다. 이 권능은 하나님께로부터 부여받은 우리의 사명이요, 능력이다. 하늘 나라의 대사로서 우리는 세상 모든 사람 앞에 주님의 증인으로 서게 되는 것이다.

> 지혜 있는 자가 어디 있느냐 선비가 어디 있느냐 이 세대에 변론가가 어디 있느냐 하나님께서 이 세상의 지혜를 미련하게 하신 것이 아니냐 하나님의 지혜에 있어서는 이 세상이 자기 지혜로 하나님을 알지 못하므로 하나님께서 전도의 미련한 것으로 믿는 자들을 구원하시기를 기뻐하셨도다(고린도전서 1:20-21).

세상 사람들은 자기 지혜로 하나님을 알 수 없다. 하나님께서는 전도를 통하여 믿는 자들을 구원하는 것을 기뻐하신다.

> 너는 말씀을 전파하라 때를 얻든지 못 얻든지 항상 힘쓰라 범사에 오래 참음과 가르침으로 경책하며 경계하며 권하라(디모데후서 4:2).

성경은 우리에게 때를 얻든지 못 얻든지 항상 말씀을 전하는 일에 힘쓰라고 한다. 범사에 오래 참으며 복음을 가르치고 권면하기를 힘써야 한다.

> 누구든지 자기 목숨을 구원하고자 하면 잃을 것이요 누구든지 나와 복음을 위하여 자기 목숨을 잃으면 구원하리라(마가복음 8:35).

예수님께서는 "자기 목숨을 구원하고자 하는 사람은 잃을 것"이고, 예수님과 "복음을 위하여 자기 목숨을 잃는 자는 구원받을 것"이라고 하셨다.

"길이요, 진리요, 생명이신"(요한복음 14:6) 예수님을 믿으라고 전파하는 삶을 사는 자들에게 목숨보다 복음을 더 귀하게 여겨야 함을 말씀해 주신 것이다.

이 복음의 증인으로서 사람들 앞에서 주님을 부인하지 않았다가 순교당한 많은 하나님의 사람이 앞서 우리에게 그 길의 본을 보여 주었다.

> 멸망의 가증한 것이 서지 못할 곳에 선 것을 보거든(읽는 자는 깨달을진저) 그때에 유대에 있는 자들은 산으로 도망할지어다 지붕 위에 있는 자는 내려가지도 말고 집에 있는 무엇을 가지러 들어가지도 말며 밭에 있는 자는 겉옷을 가지러 뒤로 돌이키지 말지어다 그날에는 아이 밴 자들과 젖 먹이는 자들에게 화가 있으리

로다 이 일이 겨울에 일어나지 않도록 기도하라 이는 그날들이 환난의 날이 되겠음이라 하나님께서 창조하신 시초부터 지금까지 이런 환난이 없었고 후에도 없으리라 (마가복음 13:14-19).

앞으로 세상에 큰 환난이 있을 것임을 성경은 예언했다. 이는 세상의 끝을 알리는 환난이다.

그때에 그 환난 후 해가 어두워지며 달이 빛을 내지 아니하며 별들이 하늘에서 떨어지며 하늘에 있는 권능들이 흔들리리라 그때에 인자가 구름을 타고 큰 권능과 영광으로 오는 것을 사람들이 보리라 또 그때에 그가 천사들을 보내어 자기가 택하신 자들을 땅 끝으로부터 하늘 끝까지 사방에서 모으리라 (마가복음 13:24-27).

그 환난 후 해가 어두워지고 달이 빛을 내지 아니하고 별들이 하늘에서 떨어지며 하늘의 권능들이 흔들릴 때, 예수님께서 구름을 타고 큰 권능과 영광으로 세상에 오실 것이다. 그때에 천사들을 보내어 자기가 택하신 자들을 땅끝으로부터 하늘 끝까지 사방에서 모으실 것이다.

아멘, 주 예수여 오시옵소서!

예수께서 나아와 말씀하여 이르시되 하늘과 땅의 모든 권세를 내게 주셨으니 그러므로 너희는 가서 모든 민족을 제자로 삼아 아버지와 아들과 성령의 이름으로 세례를 베풀고 내가 너희에게 분부한 모든 것을 가르쳐 지키게 하라 볼지어다 내가 세상 끝날까지 너희와 항상 함께 있으리라 하시니라 (마태복음 28:18-20).

세상의 종말이 오고 예수님께서 재림하실 때까지 예수님께서는 "모든 민족을 제자로 삼아 아버지와 아들과 성령의 이름으로 세례를 베풀고 주님께서 분부한 모든 것을 가르쳐 지키게 하는 삶을 살라"고 명령하셨다.

세상 끝날까지 우리와 항상 함께 있으실 거라고 말씀하셨다.

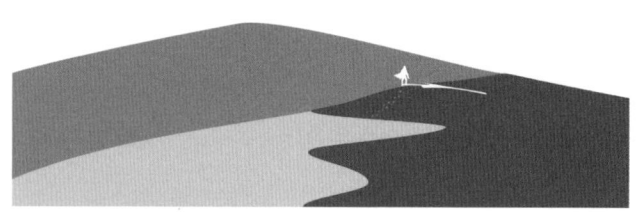